高等职业教育公共基础课系列教材

职业生涯规划与就业指导

第 2 版

主　编　储克森　姚晓峰
副主编　沐会云　王　岳　陈永丽
参　编　徐丽婷　周兰婷　朱文超
主　审　段丽华

机械工业出版社

本书注重贯彻落实党的二十大精神，全书根据高职高专院校学生的生源情况和现行的就业政策、就业形势，从职业生涯规划、就业指导和终身学习这三个方面进行了阐述，具体内容包括：绪论，职业及职业的发展，职业生涯及规划，职业素质及职业与专业学习，高职教育与职业技能，就业的市场意识与竞争意识，大学生就业政策，就业准备，应聘、应试礼仪与技巧，就业、立业、成才三部曲，树立终身学习的观念，继续教育的途径等。

本书以实用、创新为特色，从大一到大三对学生进行职业生涯规划和就业全程指导，具有内容新、实用性和可操作性强等特点，可作为高职高专院校职业生涯规划与就业指导课程的教材，也可作为从事职业、就业指导工作的人员及其他择业人员的培训教材和自学参考书。

本书配有电子课件，可登录机械工业出版社教育服务网 www.cmpedu.com 下载，咨询电话010-88379375。

图书在版编目（CIP）数据

职业生涯规划与就业指导／储克森，姚晓峰主编.
—2版. —北京：机械工业出版社，2023.5
高等职业教育公共基础课系列教材
ISBN 978-7-111-72983-9

Ⅰ.①职…　Ⅱ.①储…②姚…　Ⅲ.①职业选择-高
等职业教育-教材　Ⅳ.①G717.38

中国国家版本馆 CIP 数据核字（2023）第 062345 号

机械工业出版社（北京市百万庄大街22号　邮政编码100037）
策划编辑：杨晓昱　　　　　责任编辑：杨晓昱
责任校对：王荣庆　周伟伟　　封面设计：马精明
责任印制：李　昂
河北宝昌佳彩印刷有限公司印刷
2023 年 6 月第 2 版第 1 次印刷
184mm×260mm·10 印张·171 千字
标准书号：ISBN 978-7-111-72983-9
定价：39.80 元

电话服务　　　　　　　　　　　网络服务
客服电话：010-88361066　　　机 工 官 网：www.cmpbook.com
　　　　　010-88379833　　　机 工 官 博：weibo.com/cmp1952
　　　　　010-68326294　　　金 书 网：www.golden-book.com
封底无防伪标均为盗版　　　机工教育服务网：www.cmpedu.com

前　言

党的二十大明确指出，"人才是第一资源""实施就业优先战略""强化就业优先政策，健全就业促进机制，促进高质量充分就业"。

高校毕业生是国家宝贵的人才资源，是促进就业的重要群体。本书编写时注重融入"社会主义核心价值观"教育，以及"大国工匠"职业精神教育，激励学生自觉把个人的理想追求融入国家和民族的事业中。

为使本书内容和结构符合时代特点及教学目标，在编写过程中，编写团队走访了校企合作企业，与企业人力资源主管沟通，并召开了近两年高职院校毕业生与顶岗实习学生座谈会，就本书的编写及教学进行了交谈和征求意见。

本书从职业生涯规划、就业指导和终身学习三个方面进行阐述。具体内容包括：绪论，职业及职业的发展，职业生涯及规划，职业素质及职业与专业学习，高职教育与职业技能，就业的市场意识与竞争意识，大学生就业政策，就业准备，应聘、应试礼仪与技巧，就业、立业、成才三部曲，树立终身学习的观念，继续教育的途径等。

本书介绍了最新的就业、创业政策和法规文件，以及一些典型案例和延伸阅读材料，同时增加了近年来高职院校学生就业成才、创新、创业先进典型案例，使教材更具时代性、新颖性和实用性。

本书由安徽机电职业技术学院储克森、安徽扬子职业技术学院姚晓峰任主编，安徽扬子职业技术学院沐会云、王岳、陈永丽任副主编，安徽扬子职业技术学院徐丽婷、周兰婷、朱文超参加编写。储克森对全书进行统稿。安徽机电职业技术学院段丽华担任主审。格力电器（芜湖）有限公司人力资源部部长石琴对本书提出了一些合理化的编写建议。在此表示衷心的感谢。

本书在编写过程中，参阅了许多同类书籍及网络资料，谨向原作者表示由衷的感谢！由于编者水平有限，书中难免存在不足之处，敬请读者予以批评指正。

编　者

目 录

前 言

职业生涯规划篇

就业
指导篇

第一课
绪　论

一、课程的性质和教学目标

1. 课程的性质

职业生涯规划与就业指导课是为适应社会主义市场经济体制的建立和当前大学生就业形势的需要而开设的一门公共必修课。本课程既强调职业在人生发展中的重要地位，又关注学生的全面发展和终身发展。通过激发大学生职业生涯自主意识，树立正确的就业观，促使大学生理性地规划自身未来的发展，并努力在学习过程中自觉地提高就业能力和职业管理能力。本课程是高等学校思想政治和素质教育的重要组成部分，是一门具有较强的针对性和实践性的课程。

2. 课程的教学目标

通过本课程的学习，大学生应在态度、知识和技能三个层面达到以下目标：

（1）态度层面　通过本课程的学习，大学生应当树立起发展职业生涯的自主意识，树立积极正确的人生观、价值观和就业观，把个人发展和国家需要、社会发展相结合，确立职业的概念和意识，愿意主动为个人的职业生涯发展和社会发展付出积极的努力。

（2）知识层面　通过本课程的学习，大学生应当基本了解职业发展的阶段特点；较为清晰地认识自己的特点、职业的特性以及社会环境；了解就业形势与政策法规；掌握基本的劳动力市场信息及相关的职业分类的基本知识。

（3）技能层面　通过本课程的学习，大学生应当掌握自我探索技能、信息搜集与管理技能、职业生涯决策技能、求职技能等，还应该通过本课程的学习与实训提高自己的各种通用技能，如沟通技能、问题解决技能、自我管理技能、人际交往技能等。

二、开设职业生涯规划与就业指导课程的意义

1. 激发大学生关注自身的职业发展并明确职业生涯规划的重要性

一个人的过去并不重要，关键是迈向下一步的方向。人生在世，谁都想成就一番事业。然而，并非人人都能如愿以偿。如何才能使事业获得成功？职业生涯规划可以为大学生提供事业成功的理念、技巧与方法。

当今时代是变革的时代，处处充满着激烈的竞争，想要在竞争中脱颖而出，并有明显的优势，确立明确的奋斗目标，并不懈努力，是势在必行的，否则，可能事倍功半。尤其对在校的大学生而言，必须尽早做好自己的规划，关注自身的职业发展，将来才能适应社会的发展和要求。

随着生活水平和教育程度的提高，人们的自我意识逐渐增强。年轻人更希望在拥有健康、知识、工作能力和良好的人际关系的同时，在事业上也有所成就，并享有幸福和谐的家庭生活和丰富多彩的业余时光。职业生涯规划在帮助人们获得职业生涯成功的同时，也有助于促进人的全面发展。

2. 有利于大学生认清当前的就业形势

当前，中国经济整体仍处在调整周期中，经济发展速度的放缓和结构的调整，客观上会对劳动者就业结构产生影响，同时也对就业总体规模产生挤压效应。尤其是传统支柱产业企业改革重组加快、淘汰落后产能、部分行业持续低迷及产能过剩将造成结构性失业和转型性失业，使劳动者就业难度加大。

2021年11月19日，教育部、人力资源和社会保障部召开2022届全国普通高校毕业生就业创业工作网络视频会议，学习贯彻党的十九届六中全会精神，深入分析高校毕业生就业形势，动员部署2022届高校毕业生就业创业工作。教育部党组书记、部长怀进鹏，人力资源和社会保障部党组成员、副部长李忠出席会议并讲话，教育部党组成员、副部长翁铁慧主持会议。

会议指出，党中央、国务院高度重视高校毕业生就业创业工作，习近平总书记多次对做好高校毕业生就业工作作出重要批示。在党中央、国务院的坚强领导下，在各地教育部门、人社部门以及高校和社会各界的共同努力下，2021届高校毕业生就业进

展好于预期，毕业去向落实情况总体稳定。2022届高校毕业生规模预计1076万人，同比增加167万人，毕业生规模、增量创历史新高，就业形势复杂严峻。各地各高校要学深悟透党的十九届六中全会精神，从讲政治的高度、保民生的角度、促发展的要求、办教育的使命，充分认识做好高校毕业生就业工作的重要意义，努力开创高校毕业生就业工作新局面，以优异成绩迎接党的二十大胜利召开。

会议强调，各地各高校要坚决把中央决策部署落到实处，提前谋划、及早部署、形成合力；要拓宽市场化就业渠道，鼓励中小企业更多吸纳高校毕业生，引导支持灵活就业，大力支持创新创业；要开拓政策性岗位，配合做好机关、事业单位和国有企业招聘工作，组织实施好基层项目，加大基层社区岗位开发，着力稳住政策性岗位和市场性岗位的"基本盘"；要推动公共就业服务进校园，强化校内岗位信息、各类资源、政策宣讲等就业服务供给，为毕业生提供不断线和优质便捷的就业服务；要加强就业指导，做好职业生涯教育和就业实习实践，开展就业育人主题教育，引导毕业生到国家需要的地方建功立业；要加强重点群体帮扶，启动实施"中央专项彩票公益金宏志助航计划"，按照"一人一档""一人一策"要求帮扶就业困难毕业生，做好高职百万扩招毕业生就业服务；要压实工作责任，落实"一把手"工程，建强工作队伍，加强宣传引导，确保中央决策部署落实到位。

近年来，一系列促进高校毕业生就业的新政策、新举措集中出台，就业指导服务迈上新台阶，引导毕业生到基层就业和自主创业工作取得新进展。

就业难除了外部因素外，大学毕业生自身也存在不少问题。首先是诚信问题。由于相关的技能（职业资格）证书能为求职应聘带来方便，大学生都很重视技能（职业资格）证书的获得。但是也有少数大学生不是凭勤奋刻苦去争取获得相关证书，而是通过投机取巧或弄虚作假来骗取企业的信任。这种名不副实的行为客观上对大学毕业生整体形象造成了一定的损害。其次，招生规模不断扩大，使教学资源相对不足，加上不少大学生在大学学习期间不努力，基础知识不扎实，动手能力不强，缺乏实践经验等，这些都直接或间接地影响着大学生的整体素质。同时，大学生自身定位有偏差。很多大学生希望到机关事业单位或大、中型企业工作，找收入高、待遇好的职位。但我国不同地区经济发展不平衡，东西部地区之间、沿海地区和内陆地区之间的差距较大，大学毕业生选择就业区域时，过度集中于大、中城市和经济发达地区，使得这些地区的就业压力加大。最后，部分大学生眼高手低，"高不成，低不就"，作风浮躁，心态不稳，"这山看着那山高"，心理定位不准，也严重影响了就业。

造成大学生就业难题的原因是多方面的，解决大学生就业难题，需要用人单位、大学生、高等院校、政府部门及社会的共同努力。但是归根结底，大学生自身才是主要原因。因此，要加强高等院校大学生职业发展与就业指导教育，激发大学生职业生涯规划的自主意识，树立正确的就业观，促使大学生理性地规划自身的发展，并在学习过程中自觉地提高就业能力和职业生涯管理能力。

尽管当前大学生就业还面临着不少困难，有些困难可能还需要较长的时间才能解决，但是，从国家社会经济发展的总趋势来看，大学生就业的前景总体上是乐观的。

我国作为人口大国，潜在的经济需求是巨大的。特别是经过40多年的改革开放，这些需求已经被成功启动，首先在大中城市，然后是沿海的小城市与农村地区，随之而来的将是广阔的中西部地区。我国同时兼具农业社会向工业社会转型、工业社会向信息社会转型，工业基础设施与信息基础设施的建设都是关键的经济发展平台。在未来很长的一段时间内，这都将是吸引就业需求的一个重要渠道。

我们有理由相信，伴随着我国经济结构的调整，经济发展对大学生的需求将会更大。全球经济竞争以及我国总体生活水平的提升导致我国不能永远享受劳动力成本的优势，产业结构升级是必然趋势，对受过高等教育的专业人员的需求将有很大的空间。

3. 有利于大学生提高求职技能并有效地管理求职过程

求职就业是每个大学生都必须亲历亲为的选择活动与过程，不仅受到国家法规与就业政策的约束，而且必须遵循一定的原则和程序。每一名大学毕业生都希望能够找到一份理想的工作，然而求职择业仅有良好的愿望是不够的，满意的工作不会主动送上门来，毕业生需要了解就业形势，熟悉就业程序，并积极做好各种准备，顺利地完成就业过程中的各个环节，才能实现成功就业。

三、课程的教学内容和教学方法

1. 教学内容

本书的内容有：职业生涯规划、就业指导及终身学习三个方面，共12课。

（1）职业生涯规划　职业生涯规划篇主要介绍：职业及职业的发展，职业生涯及规划，职业素质及职业与专业学习，高职教育与职业技能等。

（2）就业指导　就业指导篇主要介绍：就业的市场意识与竞争意识，大学生就业政策，就业准备，应聘、应试礼仪与技巧等。

（3）终身学习　终身学习篇主要介绍：就业、立业、成才三部曲，树立终身学习的观念，继续教育的途径等。

2. 教学方法

"职业生涯规划与就业指导"课程的教学应采用灵活多样的方法进行。

（1）自学与讲课相结合　在学生自学的基础上作重点讲解。

（2）专题报告　邀请专家、学者、企业家作现代企业对毕业生的素质要求、就业形势等报告。

（3）课堂讨论　有针对性地开展讨论会，提高学生对职业、就业、创业等问题的认识。

（4）社会实践活动　组织学生参观当地人才市场，参加大学生线上线下招聘会等。

（5）情景教学　组织模拟人才市场，指导学生掌握基本的求职技巧。

（6）数字化教学　组织学生观看先进人物在工作岗位上艰苦工作、奋发成才的视频资料。

（7）典型引路　搜集校友岗位成才及创业成功的范例并向学生介绍，或结合成才典型事例进行讲解，或请校友回校作经验介绍。

延伸阅读 1　

高职（专科）教育的发展与改革

一、什么是高等职业技术教育

所谓高等职业技术教育（简称高职教育），可用三句话来概括：它是高等教育；它是职业技术教育；它是职业技术教育的高等阶段。

我国高等教育体系包括"两个系列，三个层次"。

两个系列：普通教育、继续教育。

三个层次：研究生教育、本科教育、高职（高专）教育。

1. 我国教育体系和国际教育标准分类的比较

我国目前教育体系结构如图1-1所示。

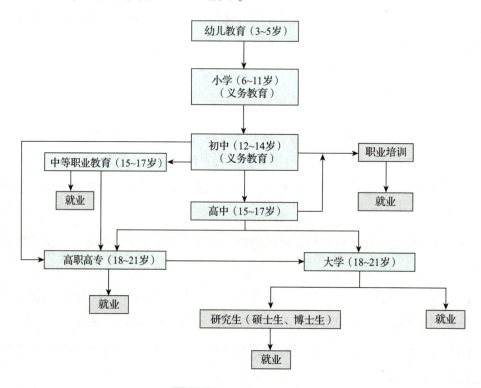

图1-1 我国教育体系结构

　　1997年联合国教科文组织颁布了新修订的《国际教育标准分类法》（International Standard Classification of Education，ISCED）。"标准分类"将教育分为7个等级（见图1-2）：学前阶段教育为0级，小学阶段教育为1级，初中阶段教育为2级，高中阶段教育为3级，高中阶段与大学阶段之间有一段补习期教育为4级，大学阶段教育为5级，除博士学位外的研究生阶段教育为6级。"标准分类"将大学教育（5级）分为学术性为主的教育（5A）和技术性为主的教育（5B），并把学术性为主的教育（5A）描述为："课程在很大程度上是理论性的，目的是为进入高级研究课程和从事工程要求的职业作充分的准备。"而把技术性为主的教育（5B）描述为："课程内容是面向实际的，是分具体职业的，主要目的是让学生获得从事某个职业或行业或某类职业或行业所需的实际技能和知识，完成这一级学业的学生一般具备进入劳务市场所需的能力和资格。"

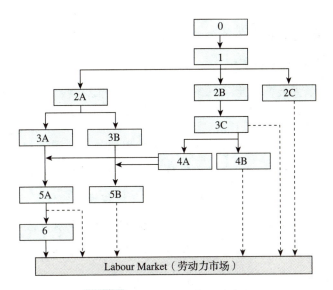

图 1-2　ISCED 教育标准分类图

从"标准分类"可以看出，5B就是我国的高等职业教育，它的发展是世界教育的总趋势，而不是一个国家的现象。"标准分类"的颁布，使高等职业教育得到了权威性的确认。

2. 高等职业技术教育的招生对象和培养目标

目前我国高等职业技术教育以招收高中毕业生为主，兼招初中毕业（学制五年）和中等职业学校毕业的学生。

高职教育的培养目标：教职成〔2019〕13号文件指出，依据国家有关规定、公共基础课程标准和专业教学标准，结合学校办学层次和办学定位，科学合理确定专业培养目标，明确学生的知识、能力和素质要求，保证培养规格。要注重学用相长、知行合一，着力培养学生的创新精神和实践能力，增强学生的职业适应能力和可持续发展能力。

坚持把立德树人作为根本任务，不断加强学校思想政治工作，持续深化"三全育人"综合改革，把立德树人融入思想道德教育、文化知识教育、技术技能培养、社会实践教育各环节，推动思想政治工作体系贯穿教学体系、教材体系、管理体系，切实提升思想政治工作质量。

由此可以看到，高等职业技术教育是高等教育，是职业教育，是职业教育的高等阶段。根据联合国教科文组织的有关解释，进入高等教育阶段的职业技术教育，其性质是以技术为主的教育。

二、为什么要大力发展高等职业技术教育

1. 经济和社会发展的需要

第三产业的蓬勃发展，产生了一系列新的职业岗位，使社会职业岗位的分布出现了新趋势。同时，高新技术的广泛应用，产生了不少与其有关的职业岗位，并促使传统的职业岗位发生了既分化又复合的现象。一些职业岗位分得更细、更专业，在技术水平上，也有高低层次之分；一些职业岗位则出现智能结构复合化现象，如技术与技术的复合（机、电的复合），技术与技能的复合（数控设备的使用、维修等）。由于社会职业岗位的变动及其技术含量和智能水平的提高，中等职业技术教育所培养的中等职业技术人才已不能胜任这些岗位，这促使职业技术教育向高层次延伸，高等职业技术教育因此应运而生。

2. 高等教育深化、改革的需要及满足广大人民群众接受高等教育的需要

高等教育的发展分为精英教育、大众化教育和普及教育三个阶段，其划分标准是高等教育的毛入学率。毛入学率在 15% 以下为精英教育，15% 以上为大众化教育，50% 以上为普及教育。

实际上，2005 年年底毛入学率达到 21%，2017 年高等教育毛入学率达到 45.7%。应当注意到，对于我国的高等教育来说，大众化教育不仅意味着教育规模的扩大，也意味着要加快高等教育的体制改革、教育结构的调整、教育功能的扩大和教育服务面的拓展。高等教育进入大众化阶段以后，随着社会经济发展和产业结构的调整带来的人才需求的多样化，必然要求人才规模的梯次结构、知识能力素质结构以及培养模式的多样化，因而教育类型的分化是必然趋势；高等教育将面对全体公民和人的一生，不仅满足社会需求，而且必须最大限度地满足个人的需求。

2021 年，全国各类高等教育在校总规模 4 430 万人，高等教育毛入学率 57.8%。全国共有普通高等学校 3 012 所，其中，本科院校 1 238 所，比上年减少 11 所；高职（专科）院校 1 486 所，比上年增加 18 所。全国共有成人高等学校 256 所，比上年减少 9 所；另有培养研究生的机构 233 所。普通高等学校校均规模 16 366 人，本科层次职业学校校均规模 18 403 人，高职（专科）学校校均规模 9 470 人（引自《2021 年全国教育事业发展统计公报》）。从大众化高等教育转变为普及化高等教育，意味着我国在不断满足人民群众对高等教育需求方面迈出坚实一步，也展现出我国高等教育对实现中华民族伟大复兴的中国梦具有更强的贡献力。

三、当前高等职业技术教育的发展与改革

1. 近年来高等职业技术教育发展迅速

近年来，高等职业技术教育在学校总量、在校生规模、招生数量等各方面都有显著的增加。截至 2021 年年底，本科层次职业学校 32 所；高职（专科）学校 1 486 所；职业本科在校生 12.93 万人；高职（专科）在校生 1 590.10 万人。

社会对高职的认同，近两年来较以前有了一个根本性的变化。它不仅反映在用人单位对高职毕业生的态度上，也反映在高职招生的报到率上，更反映在社会对高职这一类型教育从不了解、不认可到逐步认识、逐步接纳，社会一些行业、机构、团体愈发关注高职教育，更有一些有识之士积极支持高职教育，一些办学特色突出的高职院校正在逐步成为新闻媒体的关注点。

2. 以就业为导向，改革与发展高等职业教育

高职院校的发展，除了硬件要满足需要外，离不开招生规模、教学质量和办学特色三个基本方面，但归结到一点，就是毕业生的就业率。

今后，高职教育要以满足社会需要为目标，以就业为导向，一方面，加强政府宏观调控；另一方面，坚持走产学研结合、"订单培养"的发展道路，加强教学基本建设，改革人才培养模式，提高教育质量，增强高职教育对经济建设和社会发展的贡献能力。

3. 构建现代职业教育体系

2021 年 4 月 12 日至 13 日，全国职业教育大会在京召开。习近平总书记对职业教育工作作出重要指示强调，在全面建设社会主义现代化国家新征程中，职业教育前途广阔、大有可为。习近平总书记的重要指示，高屋建瓴、着眼大局，为我们加快构建现代职业教育体系、办好职业教育，培养更多高素质技术技能人才、能工巧匠、大国工匠提供了根本遵循。

加快职业教育发展要坚持党的领导，坚持正确办学方向，落实立德树人根本任务。不管是普通教育还是职业教育，根本任务都是立德树人，所肩负的为党育人、为国育才的使命没有本质的区别。办好职业教育，要把培养一代又一代拥护中国共产党领导和社会主义制度，立志为中国特色社会主义事业奋斗终生的高素质劳动者和技术技能人才作为根本使命。具体而言，就是要把立德树人贯穿到人才培养的全过程，把立德树人成效作为检验学校一切工作的根本标准，坚持五育并举，把德育放在首位，不断

完善德技并修、工学结合的职业教育育人机制，注重职业精神与职业技能的融合。

加快职业教育发展要坚持职业教育发展规律。与普通教育相比，职业教育与经济社会发展关系非常紧密，推进职业教育高质量发展，必须坚守职业教育的类型定位，坚持开放办学，深化产教融合、校企合作，深入推进育人方式、办学模式改革。要充分发挥教育评价指挥棒的作用，构建科学合理的职业教育评价体系，引导职业教育按类型教育规律办学，坚定服务发展、促进就业的办学方向；要鼓励学校主动面向国家、区域和行业需求找准办学定位，发挥自身优势，实现差异化、特色化发展；要立足新发展阶段，深化改革创新，围绕产业升级和技术进步新需求，推动专业升级和数字化改造，统筹推进教师教材教法改革，探索中国特色学徒制，深化复合型创新型技术技能人才培养培训模式改革，不断增强职业教育适应性，实现教育链、人才链与创新链、产业链的有机衔接，更好的服务经济社会高质量发展。

加快职业教育发展，要深化职业教育体制机制改革，夯实职业教育发展的保障基础。要不断完善纵向贯通、横向融通的现代职业教育体系。纵向上，要打通中职、高职专科、职业本科教育乃至专业学位研究生教育的衔接渠道；横向上，要加强职业教育、继续教育、普通教育的有机衔接、协调发展，搭建起人才成长的"立交桥"，畅通职业院校毕业生成长成才通道，不断增强职业教育的竞争力和吸引力。要深入推进管理体制、保障机制改革，形成政府、企业、社会共同促进职业发展的合力。政府部门将职业教育发展纳入经济社会发展的整体规划，进一步落实发展职业教育的职责，更好支持和帮助职业教育发展；要进一步加强统筹规划、政策、资源，要引导社会和企业积极支持和参与职业教育；进一步引导社会转变观念，营造人人皆可成才、人人尽展其才的良好环境，形成全社会尊重职教、发展职教的舆论氛围。

职业教育，既关乎国计，也关系民生。高质量的现代职业教育是推进我国由制造业大国向制造业强国转变、由中国制造向中国创造转变的重要基础，是巩固脱贫攻坚成果，助力乡村振兴的重要力量，是承载成千上万青年的技能成才梦的重要平台。在服务经济高质量发展，服务乡村振兴、服务就业改善民生等方面，职业教育前途广阔，必将大有可为、必将大有作为。

2022年4月20日，第十三届全国人民代表大会常务委员会第三十四次会议通过《中华人民共和国职业教育法》修订。《职业教育法》于1996年公布实施，伴随着中国经济社会的发展，我国建成了世界上规模最大的职业教育体系，职业教育在支持国家经济社会发展中发挥了重要作用。如今，我国进入了中国特色社会主义新时代，经济和产业发展模式发生了重大调整和变化，职业教育如何适应新时代经济和产业发展的要求，如何建立得以支持经济和产业发展、培养高素质的技术技能劳动者的现代职业教育体系，满足企业用人需求，促进劳动者高质量就业，成为职业教育法要重点考虑的核心问题。

新《职业教育法》鲜明地提出"职业教育是与普通教育具有同等重要地位的教育类型，是国民教育体系和人力资源开发的重要组成部分"，从法律层面保障职业教育的同等地位。新法提出"高等职业学校教育由专科、本科及以上教育层次的高等职业学校和普通高等学校实施"，从法律层面明确了高等职业教育的层次分布和发展通道。新法亮点纷呈，从体制、机制上进一步破除了阻碍职业教育发展的限制性、歧视性的规定，对促进产教融合、校企合作、人尽其才、待遇公平、提升职业教育认可度，都将发挥重要推动作用；新法提出的"劳动光荣、技能宝贵、创造伟大"的理念将引领新时代的择校、择业观，为更多学子进入职业院校，实现大国工匠梦开辟了道路；新法的实施会促进现代职业教育体系快速发展，职业教育将进入新时代。

延伸阅读2

大 一 看 就 业

就业，是一个"刺人"的词语，想到它，原本想逃掉一些自认为无关紧要的课程去玩闹的我们不敢再继续心安理得地玩闹，原本觉得枯燥的那些报告会也要横下心来认真听讲。就业，似乎是一支无形的鞭子，时时刻刻在我们身后舞动着，稍一怠慢，就会留下鞭痕。

初入大学校园，一切都是那么新鲜，一切都想尝试，进社团、入学生会，忙得不亦乐乎。我们同寝室的同学几乎每个人都在学生会的某个部里任职，学习部、卫生部、体育部、女生部，还有我参加的就业服务委员会。当初入会面试时，就业服务委员会是最为冷清的，也许大家初进大学想要的更多的是丰富多彩的校园活动，然而，我是一个喜欢反其道而行之的人，我宁愿早日接触就业，即便心里会有压力，也能对未来多一份了解。

不出所料，参加就业服务委员会，接触最多的人，除了招生就业处的老师，就是为实习、就业忙碌的毕业生。我们的职责主要是为毕业生解决疑惑，为学校招生、就业做辅助性工作。看到他们那么多人为一个小小岗位竞争，为各种招聘会奔忙，为一次应聘精心准备简历、学习应聘技巧，我的心里经常产生一些莫名的悲哀，害怕自己的理想成为无谓的空想，害怕重复他们的迷茫庸碌。

既然不希望将来的自己像他们这般迷茫，那么行动应从大一开始。借着在就业服务委员会的优势，我可以提前知道一些就业方面的政策、学习指导、励志事例、维权方法等，也可以多参与和就业相关的活动。例如，职业生涯规划比赛、"同舟共济话就业"征文、就业指导课件回放、面试模拟活动等，只要有时间我都会积极参与。参加此类活动会有很大压力，但我觉得即使现在有压力，为了未来也是值得的。刚开学时，学校举办了毕业生招聘会，我们着实忙活了一阵。为应聘学生和用人单位服务的同时，我们也在观察招聘形势、专业需求及毕业生的求职表现，甚至自己也装成应聘者去用人单位咨询。看着人来人往的招聘会，任何人心中都不会没有触动。了解到社会需求，我们更加明确了在大学里自己该学什么，该干什么，想想以后的就业形势，我们不会再把时间浪费在所谓的春忧秋愁上，多一点实际，少一点虚幻，做一个真正为自己未来负责任的大学生。

现在，我已踩在了大一的尾巴上，回忆近一年的大学生活，有迷茫时的放纵，也有清醒时的奋斗，然而，平心而论，我无愧于自己。我知道，以现在所知，应未来所需，还是太少太少，需要准备的东西很多。

在就业无形的鞭策下，为了一个美好的未来，我将继续奋斗。

（摘自：《中国大学生就业》）

思考与测试一

1. 开设"职业生涯规划与就业指导"课程有哪些意义？

2. 如何看待我国高等教育，尤其是高等职业技术教育的发展？

3. 什么是高等教育大众化？在高等教育大众化形势下，毕业生就业会出现什么特点？

4. 如何看待当前高校毕业生就业形势？

职业生涯规划篇

　　职业与人的一生密切相关，选择职业就是选择未来和人生。有一个理想的职业，能充分发挥自己的才能，成就一番事业，是高职高专(院校)学生所期盼的人生大事。因此，认识社会职业、掌握职业基础知识是职业生涯发展与成功的基础条件。本篇主要介绍职业及职业的发展、职业生涯及规划、职业素质及职业与专业学习、高职教育与职业技能等，以期对同学们了解职业、准备职业、选择职业、进行职业生涯规划与发展有所帮助。

第二课
职业及职业的发展

一、 职业概述

1. 职业的含义

职业是人们在社会中所从事的作为主要生活来源的工作，通常也称为工作岗位。从国家的角度来看，每一种职业都是一种社会分工；从社会的角度来看，职业是劳动者获得的社会角色，如医生、教师、律师、公务员等；从个人的角度来看，职业则是劳动者"扮演"的社会角色，并为社会承担一定的义务和责任，同时获得相应的收入。

对职业的含义，不同的人、不同的社会有不同的看法和认识。当前从事职业研究的理论工作者们认为，职业是指人们为谋生和发展而从事的相对稳定、有经济收入、特定类别的社会劳动。这种社会劳动决定于社会分工，并要求劳动者具备一定的职业素养和专业技能。这种社会劳动是人们的生活方式、经济状况、教育程度、行为模式和道德情操等的综合反映及权利、义务、职责的具体体现。

2. 职业的特性

（1）职业的多样性和层次性　随着社会的发展，社会分工越来越细，职业种类越来越多。我国早先就有"三百六十行"之说，现代社会职业更是成千上万种。职业除呈现出多样性的特点之外，还呈现出差异性和层次性。例如，工程技术人员有高级工程师、工程师、助理工程师、技术员之分，高校教师有教授、副教授、讲师、助教之分。

（2）职业的专业性和技术性　每一种职业都需要专门的知识和技能、特定的职业道德品质，只有具备了特定的要求，才能胜任所对应的职业。例如，从事数控机床加工，要有机械制图、机械原理等方面的知识，具备数控编程与数控机床操作的技能和一丝不苟、精益求精的工作态度。随着科学技术的进步，职业的专业性和技术性要求会越来越高。

（3）职业的连续性和经济性　一般来说，一个人可能在较长时间内持续从事某种职业，并通过职业活动获得较稳定的经济收入。正是因为具有明显的经济性和连续性，职业才与人们的社会活动和日常活动紧密地联系在一起。

从不同的角度分析，职业除了具有上述特性外，还有社会性、规范性、时代性等特性。

3. 职业的意义

职业在实质上实现了劳动者与生产资料的结合，体现了人与人的社会关系。人们通过某种职业不仅满足了自身的需要，而且通过各自劳动成果的交换，也满足了彼此的需要。因此，职业及职业活动无论对于个人还是社会都有着非常重要的意义。

（1）职业对个人的意义　职业选择是否合适，对人的一生能否顺利发展具有重要的意义。首先，职业活动为人们提供物质生活的基本条件，是人们赖以生存的手段。生产劳动是人类社会发展中最重要的活动，职业是和生产劳动紧密相连的，因为人们总是通过一定形式的职业来进行劳动，以获取生存和发展所必需的生活资料。人们在职业活动中取得经济利益的同时，也为社会创造了财富，实现了社会物质财富和精神财富的积累。因此，职业是经济性和社会性的统一。其次，职业能满足人们的精神需要，促进个性的健康发展。职业是个人获得名誉、地位、权力，以及友谊、交往等精神需求的重要来源。人们按照一定的社会规范从事一定的职业时，由于每种职业都有各自的活动内容和形式，必然对从业者的生理和心理产生重大影响。当所从事的职业能够使个人的才能得到发挥，个性得到不断发展与完善时，就成为促进个性健康发展的途径。而随着个性的发展、完善和才能的逐步提高，人们自我实现的需要就能得到满足。

（2）职业对社会的意义　职业和职业活动构成了人类的社会生活，它是社会存在和发展的基础。第一，通过职业劳动，生产出社会物质财富和精神财富，构成了社会发展的基础；第二，职业分工及劳动是构成社会经济制度及其运行的主要组成部分；第三，职业的运动和转换推动社会的发展；第四，职业是维持社会稳定、实现"安居乐业"的基本手段。

二、职业的产生与演变

1. 职业的产生

职业是人类社会生产力发展到一定阶段的产物，是随着社会分工的产生而出现的。在原始氏族社会，人们只能采摘果实，外出打猎，从事原始农业工作。确切地说，当时还没有真正意义上的职业，因为没有固定从事某项专门工作的人群。

随着人类征服自然的能力的提高和社会生产力的逐步发展，人类社会产生了三次社会大分工。第一次有重大意义的分工是畜牧业从原始农业中分离出来，因为一部分人长期从事打猎的实践活动，开始脱离农业种植劳动，专门从事畜牧劳动；第二次社会分工是手工业从农业中分离出来，当时少数人从事手工业劳动，逐渐脱离了农牧业劳动；第三次社会分工是商人和商人阶层的产生。三次社会大分工产生了人类社会最初的职业：农夫、牧人、工匠、商人等。

2. 职业的演变

职业的发展与社会分工的发展密切相关。社会分工和科技发展是渐进的，因此，职业的演变也是缓慢的。随着生产工具的改进、科学技术的进步，以及生产的社会化使社会分工越来越细、越来越复杂，专业化程度越来越高，职业的种类也越来越多。工业革命使人类进入现代工业社会，机械化、电气化、自动化的实现大大提高了生产力，经济结构、产业结构、社会结构等随之发生了巨大变化，人类劳动的专业化程度越来越高，新旧职业更替的速度加快，新的职业如雨后春笋迅速增加。例如：汽车的生产使社会有了汽车制造业、运输业和汽车修理业，同时出现了司机、汽车修理工、汽车工程师等多种职业；相反，马车、人力车逐渐被淘汰，相应的职业也逐渐消失。又如，计算机的研制和激光照排技术的开发成功，使得印刷业中原有的铅字铸造业和排版业消失，取而代之的是文字录入业和激光照排职业。

3. 当代职业发展的趋势

当代职业发展将出现以下几种趋势：

(1) 职业的种类大量增加　职业产生初期，种类少，发展缓慢。因为传统生产技术相对稳定，一项重要的技术发明在生产上的应用往往会持续相当长的一段时间，所以社会职业也具有相对的稳定性。但随着社会的发展以及科技发展的加快，职业种类增加的速度也逐渐加快，当代新兴行业不断涌现，新的职业也大量出现。技术创新已成为经济发展的决定性因素，在发达国家，生产技术每年淘汰率高达 20%，一项新的技术平均寿命只有 5 年。因此，新旧职业更替的速度也不断加快。

随着经济社会的发展，一批新的职业应运而生，也有部分职业出现了整合调整，甚至消亡，我国 1999 年版《中华人民共和国职业分类大典》已无法全面准确反映当前职业领域的变化。为此，2010 年 8 月由人力资源和社会保障部、原国家质检总局和国家统计局牵头对 1999 年版《中华人民共和国职业分类大典》进行修订。2015 年 8 月颁布了新修订的 2015 年版《中华人民共和国职业分类大典》（以下简称《大典》）。

2015 年版《大典》主要从以下四个方面进行了修改、调整和补充。

第一，对职业分类体系的修订；第二，对职业信息描述内容的修订；第三，对职业信息描述项目的调整；第四，增加绿色职业标识。职业分类修订工作是一项长期任务。要继续发挥《大典》修订平台的作用，建立职业分类动态更新机制，对《大典》进行及时调整和补充完善。

2015 年版《大典》职业分类结构为 8 个大类、75 个中类、434 个小类、1 481 个职业。与 1999 年版《大典》相比，维持 8 个大类、增加 9 个中类和 21 个小类。经过系统专家努力，质检行业共 24 个职业列入《大典》，质检工作重要性进一步凸现。

2022 年 9 月 28 日，人社部举行《中华人民共和国职业分类大典（2022 年版）》网上新闻发布会。与 2015 版大典相比，2022 版《职业分类大典》对分类体系进行了修订。把新颁布的 74 个职业纳入到大典当中。在保持八大类不变的情况下，净增了 158 个新的职业，现在职业数达到了 1639 个。

(2) 第三产业职业数量增加　随着科学技术水平的提高，产业结构的调整，第三产业在国民经济发展中所起的作用越来越大，如金融、商务、传播、物流、卫生、教育、旅游等。第三产业的就业人数不断增加，这是现代社会发展的大趋势。另外，我国加入世贸组织和吸引外资对第二产业的制造业起到了积极的推动作用，所以近年来第二产业的用人需求比重呈现上升态势。

(3) 职业活动的内容不断弃旧从新　同样的职业在不同的时代，其技术方法、工作手段有着天壤之别。例如：工程设计绘图，过去用图板、丁字尺等，现在用 CAD 软件；机械加工，以前用普通车床，现在用数控车床。这样的例子非常多。职业演变提高了对从业者素质、技能的要求。

（4）职业将向高科技化、智能化、专业化方向发展　目前，得到世界各国公认并列入 21 世纪重点开发的领域有信息技术、航天技术、生物技术、新能源技术、新材料技术、海洋技术等。党的二十大报告提出，坚持把发展经济的着力点放在实体经济上，推进新型工业化，加快建设制造强国、质量强国、航天强国、交通强国、网络强国、数字中国。这一内容在企业界引起热烈反响。广大企业家纷纷表示，将坚定不移发展实体经济，奋力拼搏建设制造强国。在加快高新技术发展政策的实施过程中，与此有关的职业将得到较快发展。随着科学技术的发展，职业的专业化和复合化程度越来越高。

（5）职业的流动性增强　随着社会职业种类的不断增加，职业选择的机会增多，打破了职业的相对稳定性。现代社会职业兴衰演化迅速，职业的更新速度不断加快，导致一个人一生面临的职业变化也会越来越频繁。

三、职业发展对高职毕业生择业的影响

由于生产力的高度发展，社会分工的不断细化，原有的人才结构类型已很难继续适应经济的进一步发展。除了原有的学术型、工程型、技能型人才之外，迫切需要大量的技术型专门人才从事生产、管理第一线的工作，这就增加了高职生的就业机会。

现代职业的更新速度不断加快，要求毕业生转变就业观念，以发展的眼光看待问题，正确看待初次就业，寻找那些有潜力、有发展机会的职业，在工作中丰富自己的知识，提高工作能力，做到面对变化的职业市场从容不迫，游刃有余。

未来社会职业的知识含量和技术含量将不断增加，对职业劳动者的素质要求也越来越高，这就要求高职生必须拓宽自己的知识面，提高素质，成为适应时代需求的复合型人才。

随着世界经济的全球化和一体化以及国际贸易的发展，随之而来的国际技术和劳务的转移也迅速发展，从而产生了国际型人才的需求。

现代职业的发展变化无疑会对高职毕业生择业产生影响，因此对于高职生，

不论在校学习，还是面临求职择业，结合本人实际、充分考虑职业发展趋势是极为重要的。

四、兴趣、性格、能力与职业选择

（一）兴趣与职业选择

1. 兴趣在职业活动中的作用

兴趣是一个人积极探索某种事物的认识倾向，是引起和维持注意的一个重要的内部因素。"兴趣是最好的老师"，人们对于有兴趣的事物，总是能愉快地去探究，学习、研究和工作过程不是一种负担，而是一种身心上的享受。许多研究表明，凡是在事业上有突出贡献的人，都能把他们对工作的兴趣和对事业的责任感有机地结合起来。

兴趣可以使人的智力潜能得到充分发挥。当一个人对某种事物发生兴趣时，就能调动其整个身心的积极性；就能主动地感知、观察事物，深入思考，大胆探索；就能情绪高涨，想象丰富；就能增强记忆效果，并增强克服困难的意志。相反，"牛不饮水强按头"是不会取得好的效果的，也不能充分发挥一个人的聪明才智。

兴趣可以提高人的工作效率。一个人对某项工作有兴趣时，工作起来就会觉得趣味无穷。兴趣可以调动身心的全部精力，从而提高工作效率。多方面的兴趣可以使人善于应付复杂多变的环境，即使工作发生变化，也比较容易适应新的工作。

兴趣是行动的动力。许多成功人士有着惊人的相似之处：对自己有兴趣的事非常执着，全身心投入其中，这是事业成功的有力保证。

要想使兴趣真正地成为事业成功的推动力，还必须具有良好的职业兴趣品质。职业兴趣是一个人对自己从事的职业的一种积极态度。职业兴趣品质主要是指：职业兴趣的广度、职业兴趣中心、职业兴趣的稳定性和职业兴趣的效能。良好的职业兴趣品质对选择职业和适应职业都有重要意义。

2. 职业兴趣的类型及相应的职业

由前面的介绍可以看出，兴趣对人生事业的发展至关重要，所以兴趣自然是职业选择所考虑的重要因素之一。现将国内外有关专家研究的兴趣类型、职业兴趣与相应职业进行介绍，见表 2-1。

表 2-1　兴趣类型、职业兴趣与相应职业

兴趣类型	职业兴趣	相应职业
愿与人接触	对采访、营销、传递信息等一类活动有兴趣	记者、推销员、服务员、教师、行政管理员等
愿与事物打交道	喜欢同事物打交道	工程技术员、建筑工程师、会计、勘测工程师等
愿从事科学技术事业	对分析、推理、测试活动感兴趣	生物学家、化学家、工程学家、物理学家、地质学家等
愿做领导和组织工作	喜欢管事情，希望受尊敬、在单位起重要作用	组织领导、管理干部、学校辅导员、行政人员等
愿做有规律的工作	喜欢常规的、有规则的活动	图书管理员、档案管理员、邮件分类员、文字录入人员、统计员等
乐意帮助人	喜欢从事社会福利和助人工作	律师、咨询师、医生、护士、家政员、科技推广员等
愿操作机器	对操作机器、制造新产品等有兴趣	驾驶员、飞行员、机械制造工程师、建筑工程师、石油工程师、煤炭开采工程师等
乐意研究人的行为	对人的行为和心理状态感兴趣	心理学家、人类学家、政治学家、人事管理员、思想教育研究者等
乐意做抽象的和创造性的工作	对需要想象力和创造力的工作感兴趣	社会调查员、经济分析师、各类科学研究工作者、化验师、新产品开发工程师等
愿做具体的工作	对很快能看到自己劳动成果的工作感兴趣	室内装饰设计师、园林工程师、美容美发师、手工制作师、机械维修工程师、厨师等

　　人的兴趣各不相同，有的人兴趣倾向于情感世界，活跃于人际关系领域，他们广结人缘，善于应酬；有的人对自然科学感兴趣，表现为积极探索未知的世界，善于思考，积极从事小发明、小创造、小革新；有的人对智力操作感兴趣，对写作、演讲、设计之类的事情乐此不疲；有的人则对技能操作感兴趣，对车、钳、刨、铣、摄影、琴棋书画等津津有味。正是这种兴趣上的差异构成了人们选择职业的重要依据。

3. 兴趣爱好与专业选择

按照职业生涯规划的基本原则，有兴趣、符合个人爱好是做好职业工作的重要前提。个人在从事符合个人爱好的工作过程中能够得到满足，有成就感，这样的职业就是"好职业"。在职业技术教育中，选择专业与选择职业有很大的同一性。高考填报志愿时，根据自己的爱好、意愿来选择相关专业，在校学习时就会有较强的学习动力。但是，也有许多考生的职业意愿是不明确的，或者只是盲目追逐"热门"，这对日后的职业发展是不利的。

兴趣往往也是可以培养的，或者说也是可以改变的。有时人们对某个职业或专业不清楚、不了解，或者受其他人的影响，而不感兴趣，但是一旦对专业的发展方向有了深入的了解，或对某种职业在人类社会活动中的作用和意义有了认识和了解之后，就会对该专业或职业产生兴趣。

（二）性格与职业选择

1. 性格的概念

性格是个人对现实的稳定的态度和习惯化的行为方式。性格是人在社会活动中通过与环境相互作用而逐步形成的。性格一经形成就具有一定的稳定性。

职业心理学的研究表明，不同的职业对从业者的性格要求不同。例如：从事医生职业的人要乐于助人、耐心正直、责任心强、冷静自信、稳定性好；从事科学研究的人必须敢于怀疑，有批判精神和创新意识；而自我创业者应具有敢于冒险、乐观、自信、有雄心、勇于创新等性格。

性格对一个人的成功有着很大的影响。一个人从事的职业与其个性相适应，工作起来就会得心应手，心情舒畅，容易取得成功。相反，如果职业与性格不相适应，性格就会阻碍工作的顺利开展。

任何事情都有两面性，谨慎可能使人保守；进取心强的人更容易取得成功，但也可能草率行事。一位社会心理学教授告诉他的学生："奋斗通常是指一种强硬的人生态度，主张不屈不挠，能勇往直前。但是在我看来，奋斗包含两个层面——积极斗争和消极适应。适应环境本身就是奋斗的组成部分。只有在此基础上开辟战场去对抗，生活才有胜利的光明。"

虽然人的性格难以改变，但这并不是说人们只能顺其自然，人们仍可以通过自身努力，发挥自己性格的优势，避免或减少性格劣势对事业的影响。

2. 性格的类型与职业选择

心理学家们根据性格特征与职业选择的关系，把性格分为 6 种类型，见表 2 - 2。

表 2 - 2　性格类型、性格特征与相应职业

性格类型	性格特征	相应职业
研究型	善分析、好内省、较慎重、喜欢观察、好奇心强、长于钻研，喜欢从事分析及创造性强的职业	科学研究者、工程师
艺术型	想象力丰富、有理想、好独创，喜欢从事三维系统的、自由的、需要一定艺术素质的职业	音乐、美术、影视、文学、艺术等领域从业者
社会型	乐于助人、善社交、易合作、重友谊、责任感强，喜欢从事福利或与他人建立和发展各种关系的职业	教师、医疗工作者、律师
企业型	有冒险精神、自信、好算计运筹、爱支配别人，愿从事可直接获得经济效益的职业	经营管理者、产品供销者、广告员、公关员
现实型	重视社交、重视物质的实际利益，守规则，安定，希望从事按一定程序进行操作、有一定技巧方面的职业	机械类工程师、电工技术工程师、一般劳动者
常规型	能自我抑制、易顺从、稳定，愿从事较简单、刻板、按规定要求的职业	办事员、库房管理员、会计

在日常生活中，人们常常把性格分为内向型、外向型，但是纯粹属于内向型或外向型的人并不多，大多数人是混合型，只是程度有差异。一般说来，外向型性格的人由于对外界事物的关心，表现为善于表露自己的情感、乐于与人交往等特点，适合从事能充分发挥自己行动能力、与外界有着广泛接触的职业。内向型性格的人比较适合从事有计划的、稳定的、不需要与人过多交往的职业。

3. 性格与习惯

（1）习惯构成性格　习惯的内涵很广，一般可以分为良好习惯和不良习惯，也有生活习惯、学习习惯、工作习惯之分。生活、学习、工作习惯之中都有良好和不良之分。就学生而言，生活和学习中的良好习惯有合理的饮食习惯、适时休息的习惯、适量运动的习惯、讲究卫生的习惯、健康娱乐的习惯、预习复习的习惯、按时完成作业的习惯、独立思考的习惯、积极收集资料的习惯等；工作中良好的习惯有吃苦耐劳的习惯、认真负责的习惯、今日事今日毕的习惯、勤于思考创新的习惯等。此外还有几种在生活、学习、工作中都必须具备的良好习惯，如凡事定目标、做计划的习惯；科学利用时间和金钱的习惯；团结协作、乐于助人的习惯；坚持原则、遵纪守法的习惯。生活、学习、工作中的不良习惯在人群中也不少见，如暴饮暴食、抽烟酗酒、不讲卫生、作息无常、贪图享乐、工作学习敷衍拖拉、怕苦怕累、斤斤计较、做事无目的无计划、随波逐流、唯我独尊等习惯。以上种种习惯以不同的组合存在于一个人身上，就构成一个人的性格。

（2）习惯源于思想与行为　习惯是一再重复的思想与行为所形成的。不良习惯与良好习惯都是这样形成的，如抽烟、喝酒、睡懒觉、做事拖拉、随地吐痰、乱扔垃圾、不讲卫生是如此；凡事按计划进行、今日事今日毕、早晚适时锻炼身体、勤洗澡勤换衣、注意环境卫生，也是如此。因此，一定要在思想上高度重视平时的行为规范，更不要让不良行为重复而成为习惯。俗话说：学坏容易，学好难。其原因是形成坏习惯的行为是满足某种低等的生理要求而自然发生的，本能成分较重，不需费力，易于随波逐流。而形成良好习惯的行为，需要人的精神来控制，追求成功的努力，是需要意志和恒心才能做到的。

（3）培养好习惯就是迈向成功　习惯是一种力量，有时表现得很强大，它能使你成为主宰自己的主人，也能迫使你成为它的奴隶。例如：按时学习的人是不容易被动摇的；长期勤俭节约的人是不会随便乱花钱的；勤洗澡、勤换衣的人几天不见水是很难受的；而社会上也不乏烟酒的奴隶、满口脏话的人，有的也积习难改。习惯力量的大小，主要决定于形成这种习惯的思想深度和行为重复的次数，重复的次数少，力量就小；反之则大。有些不良习惯如果在心理及生理上形成依赖，就很难改掉，必须外加强大的力量。因此，要尽早形成好的习惯，拒绝不良习惯。

（三）能力与职业选择

1. 能力与职业能力

（1）能力　能力是直接影响人们工作效率、保证人们顺利完成某种工作所必需的个性心理特征。能力与人的工作密切相关，人的能力在工作学习中形成、发展并且在工作学习中表现出来，如学习能力、交流合作能力、组织能力等。能力的强弱决定工作效率的高低，所以，从事某种工作必须以一定的能力为前提条件。

（2）职业能力　职业能力是在学习活动和职业活动中发展起来的，直接影响职业活动的效率，使职业活动得以顺利完成的个性心理特征。职业能力表现在相应的职业活动中。从事同一职业的人，在相同的条件下，如果职业兴趣和职业性格不同，他们的职业能力会有所差异。

2. 职业能力分类

（1）一般学习能力　一般学习能力（智力）是指人认识、理解客观事物并运用知识、经验等解决问题的能力，即逻辑思维能力，包括记忆能力、观察能力和注意能力。一般学习能力是人在学习、工作、日常生活中必须具备、广泛使用的能力。职业或专业的水平越高，对人的一般学习能力的要求就越高。

（2）交流表达能力　交流表达能力是指对词及其含义的理解和使用的能力，对词、句子、段落、文章的理解能力，以及善于清楚而正确地表达自己的观点和向他人传递信息的能力。简单地说，它包括对文字的理解能力和运用口头、文字、数字、图表的表达能力。不同的职业对人的表达能力要求不相同，如教师、营销员、公关人员、工程技术人员等，必须具备较好的交流表达能力。

（3）运算能力　运算能力是指迅速而准确地计算的能力。大部分职业都要求工作者有一定的运算能力，但不同的职业对人的运算能力要求的程度不同。例如：会计、出纳、建筑师等职业，对工作者的运算能力要求较高；而法官、律师、护士等职业对人的运算能力要求则一般；对演员、话务员、厨师、理发师等来说，对运算能力的要求相对就较低。

（4）空间判断能力　空间判断能力是指能看懂几何图形、识别物体在空间运行中的联系、解决几何问题的能力。如果一个人爱好平面几何并且学得很好，通常这个人的空间判断能力就比较强。与图样、工程、建筑有关的职业以及牙科医生、内外科医生等职业，对空间判断能力的要求较高；对裁缝、电工、无线电修理工来说，也要求具有一定的空间判断能力。

（5）形态知觉能力　形态知觉能力是指对物体或图像的有关细节的知觉能力。例如：对于图形的明暗、线条的长短做出视觉的区别比较，能看出其细微的差异。对于生物学家、建筑师、测量员、制图员、农业技术员、医生、药剂师、画家等来说，需要较强的形态知觉能力；而对于历史学家、政治家、社会服务工作者来说，对形态知觉能力的要求不高。

（6）事务能力　事务能力是指对言语或表格式的材料的细节的知觉能力，发现错字或正确地校对数字的能力等。从事设计、记账、办公室、打字等工作，都必须具备一定的事务能力。

（7）动作协调能力　动作协调能力是指能迅速、准确、协调地做出精确的动作和运动反应的能力。对于驾驶员、飞行员、牙科医生、外科医生、雕刻家、运动员、舞蹈家来说，这种能力是非常重要的。

（8）手指灵活度　手指灵活度是指手指能迅速、准确、协调地操作小物体的能力。打字员、外科医生、五官科医生、护士、雕刻家、画家、兽医等，手指必须比一般人灵活。

（9）眼—手—足协调能力　眼—手—足协调能力是指根据视觉刺激，手足配合活动的能力。

（10）颜色分辨能力　颜色分辨能力是指观察或识别相似或相异色彩，或对相同色彩明暗效果的感知能力，包括识别特殊色彩、识别调和色或对比色以及正确配色的能力。

如果知道自己的能力及职业能力在哪些方面有优势之后再进行职业选择，可有效避免大的失误。

3. 职业能力的形成

努力学习文化专业知识、认真进行专业技能训练是提高职业能力的有效途径。学习文化专业知识是提高职业能力的基础。在学习和训练中要有意识地锻炼自己的职业能力。随着科学技术的发展，职业能力中的科技含量不断增加，高职院校学生应该掌握最新科技知识，使自己的职业能力符合时代的要求。

延伸阅读

这18个新职业，速了解

2022年6月14日，人力资源和社会保障部向社会公示"民宿管家""家庭教育指导师""研学旅行指导师""机器人工程技术人员"等18个新职业。经公示征求意见、修改完善后，这些新职业将被纳入新版职业分类大典。

此次公示的新职业反映了数字经济发展的需要，顺应了碳达峰碳中和的趋势，满足了人民美好生活的需要。以下为18个新职业的详情。

1. 机器人工程技术人员

定义：从事机器人结构、控制、感知技术和集成机器人系统及产品研究、设计的工程技术人员。

主要工作任务：

1）研究、开发机器人结构、控制、感知等相关技术。

2）研究、规划机器人系统及产品整体架构。

3）设计、开发机器人系统，制订产品解决方案。

4）研发、设计机器人功能与结构，以及机器人控制器、驱动器、传动系统等关键零部件。

5）研究、设计机器人控制算法、应用软件、工艺软件或操作系统、信息处理系统。

6）运用数字仿真技术分析机器人产品、系统制造及运行过程，设计生产工艺并指导生产。

7）制订机器人产品或系统质量与性能的测试与检定方案，进行产品检测、质量评估。

8）提供机器人相关技术咨询和技术服务，指导应用。

9）制订机器人产品、系统、工艺、应用标准和规范。

2. 增材制造工程技术人员

定义：从事增材制造技术、装备、产品研发、设计并指导应用的工程技术人员。

主要工作任务：

1）运用数字化逐层堆积原理，研究开发增材制造技术与方法。

2）运用增材制造的复杂结构制造能力，设计产品结构。

3）研发增材制造专用成型头、检测与监控核心功能部件等。

4）设计、集成增材制造装备，进行可靠性测试。

5）研发增材制造分层切片、路径优化、工艺仿真和过程控制等工艺软件。

6）研发产品的增材制造工艺，指导产品生产制造。

7）检测、评估增材制造产品质量。

8）制订增材制造材料、装备、工艺、应用标准和规范。

3. 数据安全工程技术人员

定义：从事数据安全需求分析挖掘、技术方案设计、项目实施、运营管理等工作的工程技术人员。

主要工作任务：

1）收集、分析数据安全保护需求，提供数据安全技术咨询服务。

2）制订数据安全工程技术解决方案，实现对数据处理全流程的安全保护。

3）统筹数据安全技术方案的具体实施、运营，对技术方案的落地实施负责。

4）监测、分析和解决数据安全保护相关技术问题。

5）综合分析、评估数据安全保护技术有效性，并对数据安全保护技术进行持续优化改进。

4. 退役军人事务员

定义：在退役军人服务中心（站）从事退役军人政策咨询、信访接待、权益保障、安置服务、就业创业扶持等事务办理的人员。

主要工作任务：

1）组织退役军人思想政治教育相关活动。

2）受理、审查、核实和上报退役军人困难申请，开展困难帮扶援助。

3）接待、办理退役军人和其他优抚对象来信来访，协助解决信访诉求，代办属于退役军人事务部门职权范围内的信访事项。

4）收集、分析退役军人就业创业需求，开展退役军人职业技能教育培训及相关服务。

5）采集、整理、分析和报送退役军人思想政治、帮扶援助、权益维护和就业创业扶持等信息数据。

6）为辖区内退役军人建档立卡，常态化联系退役军人，开展走访慰问。

5. 数字化解决方案设计师

定义：从事产业数字化需求分析与挖掘、数字化解决方案制订、项目实施与运营技术支撑等工作的人员。

主要工作任务：

1）收集、分析产业数字化需求，提供数字化技术咨询服务。

2）运用新一代信息通信技术和数字化技术，设计数字化业务场景和业务流程，提出并制订数字化项目架构的技术解决方案。

3）编写数字化项目招投标等技术文件。

4）编写数字化项目技术交底提纲。

5）监测、分析和解决数字化项目实施及运营中的技术问题。

6）检查、验收数字化项目质量，撰写质量分析报告。

6. 数据库运行管理员

定义：对系统所使用的数据库进行维护及管理等工作的人员。

主要工作任务：

1）安装、配置数据库，并进行性能监控、故障诊断、排除等日常维护。

2）制订、实施与完善数据库的备份还原、复制、镜像等容灾方案。

3）提出并实施优化数据库性能及数据库集群方案。

4）研究和实施可靠的监控手段，分配权限、信息脱敏保护等。

5）制订和改进应急预案、策略和相关流程。

7. 信息系统适配验证师

定义：从事信息系统基础环境、终端、安全体系、业务系统的适配、测试、调优、数据迁移、维护等工作的人员。

主要工作任务：

1）分析信息系统适配过程中不同技术路线特性。

2）制订信息系统异构适配移植方案。

3）部署基础环境、外设、终端、安全体系、业务系统，对异构组件进行编译。

4）运用适配方法及工具，对系统软硬件产品组合进行适配功能验证、性能验证和参数调优。

5）分析和处理在适配过程中因环境差异导致的问题。

6）提供信息系统适配技术咨询和技术支持。

8. 数字孪生应用技术员

定义：使用仿真技术工具和数字孪生平台，构建、运行维护数字孪生体，监控、预测并优化实体系统运行状态的人员。

主要工作任务：

1）安装、部署数字孪生平台，搭建并维护数字孪生体的开发环境、运行环境及验证环境。

2）应用数字化仿真建模技术及工具，导入、配置、构建数字孪生模型，部署并维护数字孪生模型。

3）应用机器学习、增强现实、虚拟现实、混合现实等技术，建立数字孪生模型与物理实体的数据映射关系。

4）运用虚拟调试、自适应优化和数字化模拟验证技术，进行数字孪生体调试优化及功能验证。

5）应用数字孪生平台，采集并处理物理实体数据，驱动数字孪生体。

6）进行数字孪生体的维护更新、优化升级，提供诊断、预测预警建议。

9. 商务数据分析师

定义：从事商务行为相关数据采集、清洗、挖掘、分析，发现问题、研判规律，形成数据分析报告并指导他人应用的人员。

主要工作任务：

1）采集、清洗企业商务数据，建立商务数据指标体系。

2）分析、挖掘商务数据，产出数据模型。

3）撰写、制作、发布可视化数据和商务分析报告。

4）提供数据应用咨询服务。

5）分析、总结及可视化呈现业务层面数据应用情况。

6）监控数据指标，识别、分析业务问题与发展机会，提出解决策略。

本职业包含但不限于下列工种：贸易数据申报师、智能商务策划师。

10. 碳汇计量评估师

定义：运用碳计量方法学，从事森林、草原等生态系统碳汇计量、审核、评估的人员。

主要工作任务：

1）审定碳汇项目设计文件，并出具审定报告。

2）现场核查碳汇项目设计文件，并出具核证报告。

3）对碳汇项目进行碳计量，并编写项目设计文件。

4）对碳汇项目进行碳监测，并编写项目监测报告。

5）对碳中和活动进行技术评估，编制碳中和评估文件。

11. 建筑节能减排咨询师

定义：应用节能减排技术，从事建筑及其环境、附属设备测评、调适、改造、运维等工作的咨询服务人员。

主要工作任务：

1）受建筑业主、投资主体委托或指派，收集项目建筑使用功能、能源资源需求、环境质量需求等工程资料。

2）运用建筑能源与环境仿真模拟软件和检测设备，测评传统建筑、新能源和可再生能源建筑设计方案实施的能效和排放（含碳排放）情况，编写测评报告。

3）编制建筑节能减排优化运行方案，验证方案效果，并提出调整改进意见。

4）检查、测试、验证建筑竣工验收和运行阶段的设备系统运行效果，测评建筑能效，出具测评报告，提出建筑与系统调适改进方案。

5）为建筑设计、施工、运营、质检、设备生产与制造等单位提供建筑节能减排等咨询服务。

6）采集、整理、分析项目资料和效果，调整相关软件和模型，优化建筑及其系统和设备运行管理方式。

12. 综合能源服务员

定义：从事客户用能情况诊断，综合能源方案策划，并组织实施和运维管理的人员。

主要工作任务：

1）分析、预测、开发综合能源市场。

2）对接客户，梳理客户能源使用需求，使用能效诊断技术分析客户用能效率等情况。

3）调查客户项目外部能源环境。

4）分析项目的内外部情况及冷、热、电、气等多种能源供应、使用以及能效等状况，策划、制订综合能源利用节能降耗方案。

5）按客户委托，进行项目工程建设的启动、计划、组织、执行、控制管理，验收新投入和检修后的设备。

6）巡视、检查、维护综合能源系统及其附属设备，处理设备异常及故障，填写运行日志和技术记录。

本职业包含但不限于下列工种：综合能源运维员。

13. 家庭教育指导师

定义：从事家庭教育知识传授、家庭教育指导咨询、家庭教育活动组织等的人员。

主要工作任务：

1）开展家庭教育法律法规及政策宣传，传授立德树人家庭教育科学理念、知识和方法。

2）指导家长履行家庭教育主体责任，进行家庭教育规划并开展家庭教育。

3）指导家长树立和传承优良家风，指导其他家庭成员协助和配合家长优化家庭教育环境。

4）提供家庭教育问题解决方案和咨询建议。

5）策划、组织开展家校社协同育人的实践活动。

14．研学旅行指导师

定义：策划、制订、实施研学旅行方案，组织、指导开展研学体验活动的人员。

主要工作任务：

1）收集研学受众需求和研学资源等信息。

2）开发研学活动项目。

3）编制研学活动方案和实施计划。

4）解读研学活动方案，检查参与者准备情况。

5）组织、协调、指导研学活动项目的开展，保障安全。

6）收集、记录、分析、反馈相关信息。

15．民宿管家

定义：提供客户住宿、餐饮以及当地自然环境、文化与生活方式体验等定制化服务的人员。

主要工作任务：

1）策划当地自然人文环境、休闲、娱乐与生活方式体验活动，推广销售民宿服务项目。

2）受理预订，与客户沟通，了解个性化服务需求，策划制订服务项目与方案。

3）介绍民宿服务项目与设施，协调指导员工提供接待、住宿、餐饮、活动等服务项目。

4）检查项目服务质量，协调处理客户诉求，保证服务质量。

5）分析民宿运营中物料采购、损耗情况，整理、分析民宿运营数据，控制运维成本。

6）整理记录客户信息、消费项目与习惯，搜集分析客户体验反馈，维护客户关系。

7）制订民宿及服务项目应急预案，检查维护安全设施和设备，组织实施紧急救护。

16．农业数字化技术员

定义：从事农业生产、农村生活数字化技术应用、推广和服务活动的人员。

主要工作任务：

1）收集农业生产案例，分析数字化需求，提供农业数字化解决方案的素材和数据。

2）组织实施农业数字化解决方案，为用户提供现场指导和技术培训。

3）编写农业数字化生产或服务的技术资料，推广农业数字化生产和服务。

4）讲解、示范数字化农业生产机具、设施及软件的操作、维护、保养方法。

5）指导农业生产经营的数字化，为生产安排、产品销售、质量控制等问题解决的数字化提供咨询。

6）指导农业生产规范的数字化，为农产品品质安全、农业生态环境安全、农业职业安全等问题解决的数字化提供咨询。

7）指导数字乡村建设，为有关部门采集数据提供组织指导服务。

17. 煤提质工

定义：以煤为原料，操作干燥窑、热解窑、提质煤冷却器、急冷塔等设备，提高煤品质的生产人员。

主要工作任务：

1）操作筛分、输送设备，将煤送入干燥窑，调控温度、压力和水含量制成干燥煤。

2）操作热解窑，将干燥煤输送至热解窑低温热解，调控温度和压力等工艺参数，制成提质煤。

3）操作冷却、分离等设备，将煤气、焦油、粉尘等分离。

4）操作脱硫设备，将煤气中的二氧化碳、硫化物脱去。

5）操作冷却系统，将提质煤活化，制成提质焦粉。

6）检查维护生产设备，发现并处理生产中的异常现象和故障。

7）记录并保存生产数据。

18. 城市轨道交通检修工

定义：使用制动测试台、车轮轮缘尺、红外热像仪、扭矩扳手、液压起道器等检测设备和维护工器具，检修及维护保养城市轨道交通设备和设施的人员。

主要工作任务：

1）使用扭矩扳手、双踪示波器、液压起道器等工器具和设备，拆装、调试城市轨道交通设备和设施。

2）使用车轮轮缘尺、车轮轮径尺、水准仪、轨距尺、红外热像仪、绝缘电阻测试仪、土壤电位梯度测量仪、桥梁挠度检测仪等工器具和设备，检修城市轨道交通机械、电气等设备和设施，测量、调整参数。

3）进行现场巡检，发现并判断城市轨道交通机械、电气等设备和设施故障。

4）使用制动测试台、阀类测试台、继电保护校验箱、超声波探伤仪、钢轨磨耗测量仪、裂缝综合测试仪等工器具和设备，处理城市轨道交通机械、电气等设备和设施的故障、伤损。

5）使用管路清洗机、保压测试台、液压捣固机等设备，维护和保养城市轨道交通机械、电气等设备和设施。

6）使用、驾驶城市轨道交通设备，检测城市轨道交通机械、电气等设备和设施的性能。

本职业包含但不限于下列工种：城市轨道交通车辆检修工、城市轨道交通机电检修工、城市轨道交通线路检修工、城市轨道交通桥隧检修工、城市轨道交通站台门检修工和城市轨道交通自动售检票检修工。

思考与测试二

1. 什么是职业？职业的特性有哪些？

2. 职业的意义何在？

3. 职业的发展对大学生择业有哪些影响？

4. 如何看待热门职业？

5. 图2–1是职业发展与演变的形象描述，你会选择什么职业呢？

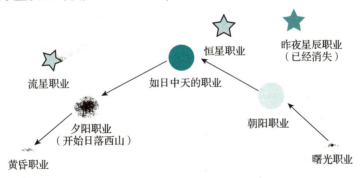

图2–1 职业发展与演变

（1）曙光职业 如家庭教育指导师等。

（2）朝阳职业 如电子竞技员、农业经理人等。

（3）如日中天的职业 如系统架构师、软件项目管理人员等。

（4）夕阳职业 如公交车售票员等。

（5）黄昏职业 如淘粪工等。

（6）流星职业 如传呼台的传呼小姐，曾经有很多人做这项工作，这个职业现在基本上不存在了。

（7）恒星职业 自从人类有文明记载以来，几乎是几千年一直存在的职业。

（8）昨夜星辰职业 现在已经没有了的职业。

6. 兴趣对职业生活有哪些影响？

7. 性格能决定命运吗？

8. 简述能力与职业能力对职业活动的影响。怎样提高自己的能力和职业能力？

9. 从报刊或其他媒体以及你周围的人中，找一找这样的事例：开始时对自己所从事的职业不了解或不感兴趣，而在职业实践中真正了解这个职业以后，不但有了兴趣而且成为这一职业的成功者。把有关材料整理一下，说说怎样才能形成职业兴趣以及培养职业兴趣的重要性。

10. 兴趣与择业自测

（1）了解你对哪一种职业有兴趣，从你的阅读兴趣中就能够反映出来。较为流行的测试方法是美国心理学家勃宁提出的"不完全句子投射测验法"。

请你填写以下13个不完整的句子：

1）今天，我感到＿＿＿＿＿＿＿＿＿＿＿＿。

2）如果我应该读书，我＿＿＿＿＿＿＿＿＿＿。

3）当我长大时＿＿＿＿＿＿＿＿＿＿＿。

4）我最大收获是＿＿＿＿＿＿＿＿＿＿。

5）这个周末＿＿＿＿＿＿＿＿＿＿＿。

6）当我阅读＿＿＿＿＿＿＿＿＿＿＿。

7）我喜欢花一天时间＿＿＿＿＿＿＿＿。

8）当＿＿＿＿＿＿＿＿＿＿时，我喜欢读书。

9）我打算＿＿＿＿＿＿＿＿＿＿＿。

10）能教给人一些东西的书是＿＿＿＿＿。

11）使人感到快乐的书是 _____ 。

12）我期望 _____ 。

13）我遗憾的是 _____ 。

当你完成这些句子后，你的兴趣就一目了然了。

（2）你还可以通过回答下面的问题加深对你自己兴趣的认识。

1）在目前的学习环境中，你喜欢做什么事情？

2）你喜欢什么娱乐活动？

3）你喜欢什么人？

4）你喜欢什么样的课程？

5）你喜欢什么电视节目？

11. 性格与择业自测

下面就 6 种性格类型各列出了 10 项活动，选择汇总之后，找出你的性格类型，希望这能帮助你选择到自己喜欢的职业。

1）现实型	喜　欢	不喜欢
A. 参加制图绘图学习班	（　　）	（　　）
B. 参加机械和电力方面的学习班	（　　）	（　　）
C. 参加木工技术学习班	（　　）	（　　）
D. 用木头加工东西	（　　）	（　　）
E. 开某一种车辆	（　　）	（　　）
F. 使用机器加工东西	（　　）	（　　）
G. 装配修理电器或玩具	（　　）	（　　）
H. 修理自行车	（　　）	（　　）
I. 驾驶卡车或拖拉机	（　　）	（　　）
J. 装配修理机器	（　　）	（　　）
总计次数	（　　）	（　　）

2）研究型	喜　欢	不喜欢
A. 化学课	（　　）	（　　）
B. 了解金属等物质的成分	（　　）	（　　）
C. 在实验室工作	（　　）	（　　）

D. 生物课 （　　） （　　）

E. 读科技图书和杂志 （　　） （　　）

F. 物理课 （　　） （　　）

G. 几何课 （　　） （　　）

H. 改良水果品种、培育新的水果 （　　） （　　）

I. 做数学游戏 （　　） （　　）

J. 研究自己选择的特殊问题 （　　） （　　）

总计次数 （　　） （　　）

3）艺术型 喜　欢 不喜欢

A. 创作诗歌或吟诵诗歌 （　　） （　　）

B. 参加美术或音乐培训班 （　　） （　　）

C. 阅读剧本、小说 （　　） （　　）

D. 欣赏戏剧或音乐 （　　） （　　）

E. 从事摄影创作 （　　） （　　）

F. 参加乐队或练习乐器 （　　） （　　）

G. 参加制图或素描训练 （　　） （　　）

H. 参加话剧或戏剧表演 （　　） （　　）

I. 练习书法 （　　） （　　）

J. 设计家具、布置室内环境 （　　） （　　）

总计次数 （　　） （　　）

4）社会型 喜　欢 不喜欢

A. 结识新朋友 （　　） （　　）

B. 出席茶话会、晚会、联欢会 （　　） （　　）

C. 照顾儿童 （　　） （　　）

D. 帮助别人解决困难 （　　） （　　）

E. 参加学校或单位组织的各类活动 （　　） （　　）

F. 参加某个社会团体活动 （　　） （　　）

G. 参加辩论会、听各种讲座 （　　） （　　）

H. 想获得关于心理学方面的知识 （　　） （　　）

	喜 欢	不喜欢
I. 观看或参加体育比赛和运动会	( )	( )
J. 和大家一起外出郊游	( )	( )
总计次数	( )	( )

5) 企业型

	喜 欢	不喜欢
A. 检查与评价别人的工作	( )	( )
B. 在社会团体中担任某种职务	( )	( )
C. 结识名人	( )	( )
D. 谈论政治	( )	( )
E. 制订计划、参加会议	( )	( )
F. 从事商业活动	( )	( )
G. 经常说服鼓励别人	( )	( )
H. 以自己的意志影响别人的行为	( )	( )
I. 指导各种具有某种目标的社会团体	( )	( )
J. 参与政治活动	( )	( )
总计次数	( )	( )

6) 常规型

	喜 欢	不喜欢
A. 抄写文件或信件	( )	( )
B. 参加情报处理工作	( )	( )
C. 整理报告记录	( )	( )
D. 检查个人收支情况	( )	( )
E. 参加打字培训	( )	( )
F. 整理好桌面和房间	( )	( )
G. 参加商业会计培训班	( )	( )
H. 起草商业贸易信函	( )	( )
I. 替人写报告或公务信函	( )	( )
J. 参加计算、文秘等实务培训	( )	( )
总计次数	( )	( )

在这 6 种类型所列举的活动中，你选择"喜欢"次数多的是你的性格类型，你可以据此去选择适合自己的职业。

12. 根据分析和调查的情况，制订提高自身素质能力的计划。

先在表2-3中适合自己的栏内画"√"，然后再分析一下自己的素质能力。

表2-3 自身素质能力测试表

	强	较强	一般	较弱	弱
语文能力					
自我控制能力					
适应变化能力					
自省能力					
抗挫折能力					
审美能力					
收集和处理信息的能力					
组织和执行任务的能力					
创新能力					

第三课

职业生涯及规划

一、职业生涯概述

1. 什么是职业生涯

职业生涯与职业不同，职业生涯是一个发展的概念，即将个人的职业生活看作是一个动态的过程，具有深厚的个人色彩。简单地说，职业生涯就是一个人的终生职业经历。一个人一生中连续从事的职业，它不仅包括过去、现在和未来那些可以实际观察到的职业发展过程，还包括个人对职业生涯发展的见解和期望。

具体地讲，职业生涯是以心理开发、生理开发、智力开发、技能开发、伦理开发等人们潜能开发为基础，以工作内容的确定和变化，工作业绩的评价，工资待遇、职称、职务的变动为标志，以满足需求为目标的工作经历和内心体验的经历。职业生涯是人生中最重要的历程，是追求自我实现的重要人生阶段，对人生价值起着决定性作用。

一个人的职业生涯是一个漫长的过程。他可能遵循传统，一生只从事一种职业，持续而稳定地在此职业岗位上晋升、增值；也可能由于个人兴趣、能力、价值观以及工作环境的变化而经历不同的岗位、职业甚至行业。大多数人还是希望找到一种相对稳定、适合自己的职业。

2. 外职业生涯与内职业生涯

外职业生涯是指从事一种职业的工作时间、地点、工作单位、工作内容、工作职务与职称、工资待遇等因素的组合及其变化过程。外职业生涯通常可以通过名片、工资单体现出来。名片上表明工作的地点，企业的类型，担任的职务、职称等内容；

工资单里写明基本工资、岗位津贴、福利待遇、奖金等，这些因素就构成了外职业生涯。

内职业生涯是指从事一种职业时的知识、观念、经验、能力、心理素质、内心感受等因素的组合及其变化过程。内职业生涯中所讲到的这些因素，并不是通过名片、工资单可以体现出来的，而是通过工作表现、工作结果、言谈举止表现出来的。

外职业生涯的发展通常由其他人决定、给予或认可，也容易被其他人否定、收回或剥夺。而内职业生涯的发展主要依靠自己的不断探索而获得，不随外职业生涯的发展而自动具备，也不因外职业生涯的失去而自动丧失。在我们的职业生涯发展进程中，起重要作用的是内职业生涯。

二、职业生涯规划

（一）职业生涯规划的含义及其作用

职业生涯规划也称为职业生涯设计。所谓职业生涯规划，是指个人结合自身情况以及眼前的机遇和制约因素，为自己确定职业目标，选择职业道路，确定发展计划、教育计划等，并为实现该目标而确定行动方向、行动时间和行动方案。

按照时间维度，职业生涯规划可以分为短期规划、中期规划、长期规划和人生规划四种类型。

（1）短期规划 短期规划是指两年以内的规划，主要是确定近期目标，规划近期应完成的任务。例如：计划两年内熟悉新公司规则，融入企业文化中，为此要花较多的时间与同事、领导沟通，向老员工学习。

（2）中期规划 中期规划一般应设计 2 ~ 5 年内的职业目标和任务，它是最常用的一种职业生涯设计。例如：3 年后要成为部门经理，完成相应的业绩以及为实现此目标而参加的培训等。

（3）长期规划 长期规划是指 5 ~ 10 年的规划设计，主要是设定较长远的目标。例如，规划 35 岁时成为分公司副总经理，掌握更大的权力，以及为实现此目标应采取的具体措施。

（4）人生规划 人生规划是指整个职业生涯的设计，时间长至 40 岁左右，设定整个人生的发展目标和阶梯。

从字面上看，个人职业生涯设计从短期到中期，再到长期，直至整个人生规划，如同上台阶，一步步地发展。但在实际操作中，时间跨度太长的规划由于环境、个人的变化性而难以把握；而时间跨度太短的规划又没有多大意义，所以，一般我们提倡个人职业生涯设计掌握在 2 ~ 5 年内比较好。这样既便于根据实际情况设定可行目标，又便于随时根据现实的反馈进行修正和调整。

设计个人职业生涯规划时，还要注意职业生涯设计的两大特性：个性化和开放性。

职业生涯设计无论是对个人还是对企业都至关重要。

一件成功的产品，在它问世之前，要经过精心策划，从调查市场需求，到了解消费者偏好，以及搜集相关产品的市场现状、前景，权衡本企业的生产、销售条件，之后进行设计、生产、包装、销售等。

那么，我们的人生呢？大多是：幼儿园→小学→中学→大学→工作岗位。多少年来，许多人都重复着这条不变的人生轨迹，一切按部就班，仿佛坐上惯性火车，行程的主题只有一个——"活着"，不知道自己究竟想要什么，甚至根本就没想过自己想要做什么。直到有一天年老体弱时，失望的情绪像潮水一样涌上心头：为什么学了这么多年，工作了这么久，到头来却两手空空？曾经的梦想早已成遥远的空中楼阁，曾经憧憬的有趣的工作、快乐的生活方式、诱人的成就感都埋没于光阴的流逝之中……

如果早一天规划自己的人生，结果会怎样呢？机遇从来只青睐有心人，这就是为什么要进行职业生涯规划的原因。不论是未出校门的学生，还是已到中年的不如意者，或者渴望更大成就者，只有尽早进行科学的个人职业生涯设计，才能把握开天辟地的利斧，获得机遇的青睐。

在部分发达国家，青少年很早就接受了职业生涯教育，从学生时代起，他们就开始有目的地规划设计自己的未来生涯。而在我国，职业生涯教育尚属发展阶段。很多人从来没有想过做一份个人的职业生涯规划，甚至不知职业生涯规划为何物？所幸，对于很多今天的年轻人来说，"职业生涯"已不再是一个陌生的外来词汇。他们清楚地意识到，职业生涯对自己有限的人生是何等重要。面对人生大舞台，相信每个人都渴望实现自我的价值。追求成功是人的本性。

美国心理学家马斯洛就指出："人是永远不能满足的动物。"他提出了著名的"人生需求理论"，指出人的需求由低级层次向高级层次推进，即生理需求→安全需求→归属需求→尊重需求→自我实现需求（见图 3 - 1）。

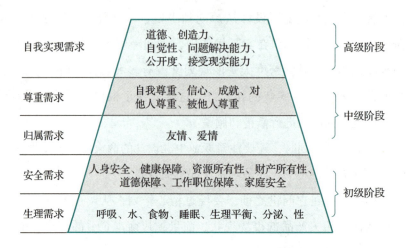

图 3-1 需求层次

这里强调的是，较高级的人生需求，如归属需求、尊重需求、自我实现需求是无限的，必须通过满足社会公众和他人的需求才能实现。而所有这些需求实际上都要通过职业生涯活动来丰富。通过从事一份职业，我们获得生命赖以存活的食物、水等物质；通过从事一份职业，我们能拥有一个安全舒适的住房以休息放松；也是通过从事一份职业，我们获得人们的认可、尊敬、友爱，享受美好生活；更是通过从事一份职业，我们能够发挥自己的潜能，体现自我价值，体验到幸福的成就感。然而，有一份工作就能保证我们实现所有这些需求吗？

毫无疑问，答案是否定的。高级需求能否实现，很大程度上依赖于我们的职业生涯进展状况，很难想象一个抱着"和尚撞钟"心态、浑然度日的人能充分体会到上述高级需求，感受到人生成功的快乐。

谁都希望能在自己的职业生涯中有所成就，特别是那些受过良好教育、自身素质较高的"新生代"，更是对未来事业之途充满期望，并愿意为成功付出汗水和努力。但是成功仅有主观努力是不够的，关键是你是否选择了正确的方向。

一个人的职业生涯是生活的重要组成部分，选择了一份职业，就是选择了一种社会角色，进而选择了一种生活方式。我们在社会舞台上扮演得如何以及过着什么样的生活，其实是可以由我们自己来把握的。每个人都应该是自己人生事业的规划者和耕耘者，规划自我、发展自我、为实现自我价值创造机会，并扬长避短，最终迈向成功。或许没有职业生涯规划，个人也可能获得成功。但是，有了职业生涯规划，肯定会更快地成功，获得更大的成就。同时，职业生涯规划不仅能使我们找到自己喜欢且适合的工作，更重要的是，它引导我们去努力追寻自己理想的生活方式。

一份有效的职业生涯规划将：

1）引导你认识自身的个性特质、现有和潜在的资源优势，帮助你重新认识自身的价值并使其持续增值。

2）引导你对自己的综合优势与劣势进行对比分析。

3）使你树立明确的职业发展目标与职业理想。

4）引导你进行与实际相结合的职业定位，搜索或发现新的或有潜力的职业机会。

5）引导你评估个人目标与现状间的距离。

6）使你学会如何运用科学的方法、采取切实可行的步骤和措施，不断增强你的职业竞争力，实现自己的职业目标与理想。

总之，一份有效的职业生涯规划能使你充分发挥个人的专长，开发自己的潜能，克服职业生涯发展中的困阻，避免人生陷阱，获得事业的成功。

同时，企业更欢迎有主动性与创造性才能的人才。有远见的企业大打"人才战"，通过提高企业内部的人力资源管理效率来获得商场上的胜出。在这种背景下，越来越多的企业将"职业生涯开发与管理"艺术引入人力资源管理工作流程中，而帮助员工进行职业生涯规划就是其中的一项核心内容。为了打好"人才保卫战"，充分用好人才，企业需要了解员工的职业生涯发展个人计划，并通过帮助员工逐步实现个人职业生涯规划来留住人才，提高组织效率。这时，如果员工本人不能有意识地、主动地配合组织的人力资源规划，将错失发展良机，并可能被组织淘汰出局。有人说，成功需要能力加机会，能力可以不断地培养积累，而机会却不是自我能控制的。我们要强调的是：或许机会不是我们所能控制的，但是，做出一份好的职业生涯规划却能够让你在机会来临时，比别人抓得更快、更牢。

（二）职业生涯设计的原则

我们在做职业生涯设计时既要有挑战性，又要注意避免好高骛远，同时还要注意适时调整。在做规划时需注意下面的 7 个原则。

（1）长期性原则　规划一定要从长远考虑，着眼于大方向。

（2）挑战性原则　目标或措施是具有挑战性，还是仅保持原来状况而已？目标选择能否对自己起到内在的激励作用？如果完成计划能否带来成就感？

（3）清晰性原则　考虑目标、措施是否清晰、明确？实现目标的步骤是否直截了当？各种安排是否具体？

（4）可行性原则　从事实出发了吗？充分考虑到个人、社会和企业环境的特点与需要了吗？与社会、企业的需求协调吗？各阶段的路线划分与措施安排具体可行吗？千万不要做不着边际的幻想。

（5）适时性原则　是否就达到各种目标的行动安排、先后次序做出了明确的时间限制或标准？时间表足以作为日后行动检查的依据吗？

（6）适应性原则　目标或措施是否有弹性或缓冲性？是否能随着环境的变化而作调整？

（7）持续性原则　人生的各个发展阶段应该持续连贯地衔接下来，做规划也应考虑到生涯发展的整个历程，作全程的考虑。各具体规划与人生总规划是否一致？主要目标与分目标是否一致？

（三）职业生涯设计的要素、步骤和内容

1. 职业生涯设计的要素

既然职业生涯设计具有明显的个性化特征，每个人因各自的职业生涯发展阶段和历程不同，其职业生涯设计的要点也有所不同，不同的人在做职业生涯设计时，所考虑的因素也有所不同。总体说来，一些因素是必须考虑的，如对自我的全面认识、外部环境的评估、个人目标的抉择以及落实目标的措施安排等。

我国人事科学研究者罗双平用一个精辟的公式总结出职业生涯设计的三大要素，即

$$职业生涯设计 = 知己 + 知彼 + 抉择（目标）$$

俗话说"知己知彼，百战不殆"。在职业生涯设计中，所谓"知己"就是自我认识与自我了解。"知彼"就是熟悉周围的环境，特别是与生涯发展有关的工作环境。知己、知彼相互关联，确定的个人生涯目标要符合现实，而不是一厢情愿；对从事的职业要感兴趣，而不是被动地去做；所从事的工作能发挥专长，利用个人的强项；对工作的环境能够适应，而不是感到处处困难，难以生存。这就说明你的生涯设计不仅做到了"知己""知彼"，而且还做出了正确的"抉择"。职业生涯设计要素之间的关系情况如图3-2所示。

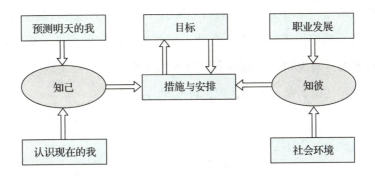

图 3-2　职业生涯设计要素之间的关系

2. 职业生涯设计的步骤

设计一个完整有效的职业生涯应包括自我评估、外部环境分析、目标确定、实施策略和反馈评估这 5 个环节。每一个环节都要设计若干具体内容。

（1）自我评估　自我评估的主要内容与个人相关的所有因素有关，包括兴趣、个性、能力、特长、学识水平、思维方式、价值观、情商、潜能等。要清楚自己是谁、自己想要做什么以及自己能做什么。常言道："当局者迷"，一个人对自己的认识总会是片面的，所以，在自我评估中还应该包括他人的意见，我们称之为"角色建议"。

（2）外部环境分析　外部环境分析包括对社会政治环境、经济环境和组织（企业）环境的分析，即评估和分析环境条件的特点、发展与需求的变化趋势，自己与环境的关系以及环境对自己的有利条件与不利条件等。目的是相应地调整自己，适应环境的需要。这样职业生涯设计才会切实可行，而不致流于空泛。

（3）目标确定　制订个人职业生涯计划是为了实现某种职业目标，进而获得自己理想的生活，所以目标抉择才是职业生涯设计的核心。职业生涯设计的确定，是指可预想到的、有一定实现可能的最长远目标，包括人生目标、长期目标、中期目标和短期目标。一般首先可根据个人素质与社会大环境条件确定人生目标和长期目标，然后通过目标分解，分化为符合组织需要的中期及短期目标。

（4）实施策略　所谓实施策略，是指为实现职业生涯目标而制订的行动计划。在确定职业生涯目标后，就要制订相应的行动方案来实现目标，这就如同设计奔向目标的阶梯。实施策略要求具体可行、容易测评。它包括职业生涯发展路线、教育培训安排、实践计划等方面的措施。

（5）反馈评估　有效的职业生涯规划还要求便于个人不断地反省、修正目标和策略方案。人生仿佛在一片陌生的海域航行，谁也无法预测下一分钟将会发生什么情况。现实社会中种种不确定因素的存在，会使人们与原来制订的职业生涯目标有所偏差，这就需要人们及时针对规划的目标和行动方案做出调整，从而实现人生理想。从这个意义上说，反馈评估的确是一个再认识、再发现的过程。

3. 职业生涯设计的内容

著名职业生涯学研究者与培训师程社明博士提出：职业生涯设计应包括10项内容。

（1）题目　包括姓名、年限、年龄跨度、起止时期。

（2）职业方向及总体目标　是指从业方向和当前可以预见的最长远目标。

（3）社会环境分析结果　包括对政治环境、经济环境、法律环境的分析，还包括职业环境分析。

（4）企业分析结果　包括行业分析以及对企业制度、企业文化、企业领导、企业产品和服务、发展领域等的分析。

（5）自身条件及潜力测评结果　个人分析包括了解自己的目前状况和发展潜能。

（6）角色及其建议　记录对自己职业生涯影响最大的一些人的建议。

（7）目标分解及目标组合　分析实现目标的主要影响因素，通过目标分解和目标组合的方法做出果断明确的目标选择。

（8）成功的标准

（9）差距　即自身现实状况与实现目标的要求之间的距离。

（10）缩小差距的方法及实施方案

（四）职业生涯设计的误区

（1）"我的目标就是总裁"　不少人相信"不想当将军的士兵不是好士兵"这句话，其实，现实生活中的情况是：将军的位置很少，如果大家的目标都是当将军，那么这种主观愿望与客观条件产生的差距会使你在执行计划时遇到许多挫折。因此，判定职业前程时，要从实际出发，切实可行。

（2）"能做好下属就能做好主管"　有人认为只要把本职工作做好就可以升为主管，其实不然，优秀的运动员不一定是好教练，一些表现优异的工程师、销售人员升任主管后却表现不佳，这是因为主管还需要具有其他能力，如决策能力、协调能力、领导能力等。所以在某个职位做得好，并不表明在其他职位也能做得好。

（3）"成功的关键在于运气" 很多人坚信成功者是由于有好的机会，因此，他们被动地等待命运的安排，而不去主动地计划经营，去努力把握自己的生活，这种人只是守株待兔。

（4）"做计划是人事部门的事，与我无关" 职业生涯计划是组织和个人双方都参与的，最终的实现者是个人，因此，若抱着"做一天和尚撞一天钟"的态度来对待自己的未来，将是可悲的人生。

（5）"只有加班工作，才会得到赏识" 有些人认为在单位加班的时间越长，越能显示自己的勤奋。其实工作效率和工作业绩是最重要的，整天忙忙碌碌不出成果，并不是一个有效率的工作者。

（6）"由老板决定升迁的快慢" 如果过于迷信老板对个人升迁的影响，就会因为迎合他的好恶而看不清自身的问题，甚至步入歧途。

（7）"只有改正了缺点，才能得到升迁" 将自己的强项发挥出来，然后再试着纠正自己的弱点，这是扬长避短。

（8）"不管事大、事小，都要尽力去做" 有些人总说自己忙，总有干不完的活，由于事无巨细，浪费了很多时间和精力。应该将要做的事做好计划，分清轻重缓急，要抓住主要矛盾，不要芝麻、西瓜一把抓。

（9）"生活是生活，工作是工作，内外有别" 有些人不愿意自己的配偶过问工作，觉得没必要让他们了解自己的职业生涯规划。其实，家庭的支持对于工作成功很重要。另外，制订职业生涯规划也不要忽略了自己的生活乐趣，因为工作和生活都是人生的重要目标。

（10）"这山望着那山高" 持这种心态的人，总是觉得别人的工作更理想，因此产生跳槽的想法，而没有想到，到了新的工作岗位要建立新的人际关系，面对新的矛盾和挑战，不管什么工作都是不容易的。因此，要客观分析自己的工作，要持现实的态度。

三、职业生涯开发

职业生涯设计好之后，接下来的任务就是将其变成现实，即进行知识、能力和技术的开发（学习、实践）活动。

1. 树立自信

职业生涯规划是自己的人生蓝图，要把蓝图变成现实，首先需要树立自信心。自信心是一个人事业成功的重要因素之一，是事业发展的动力源泉。

自信是来自心灵深处的自我认可。踏实、谦虚是自信的表现。自信是一种独特的人格魅力，拥有这种魅力的人，懂得如何取他人之长补自己之短。自信在职业生涯中发挥着重要的作用。

在一个单位或一个公司，往往会有这样的情况，有相同的学历、同样的工作经验的人，在处理事务的能力方面却有明显的差异。这种差异产生的一个重要因素就是人的自信心。在毕业生应聘中常常也有这样的事情发生，两个人一起去应聘一个岗位，在其知识能力不相上下的情况下，为什么一个人被录取，而另一个人却落聘呢？这在很大程度上是因为被录取的人有足够的信心，也清楚地了解自己的长处，并且能把这种自己认可的信息传递给对方，使对方对他产生认可。而落聘者则可能显得信心不足。试想，一个对自己都不能完全肯定的人，怎么能让别人肯定，又怎么能在工作中完全发挥自己的能力呢？

2. 开发潜能

一个人要实现自己的职业理想，就需要在树立自信心的基础上积极开发自己的潜能。

人的潜能到底有多大？科学家们曾用冰山理论来形容，即海面上漂浮着一座冰山，浮在海面以上的部分是人的显在能力，沉在海面以下的部分是人的潜在能力，而与浮出水面上的那部分相比，沉浸在海面以下的部分是水面上的十倍，甚至百倍。可见，人的潜在能力大大超过人的显在能力。

要让自己的潜能得到开发，就要善于使用潜意识的力量。潜意识就是人们无条件执行的下意识。只有把潜意识的力量开发出来，才能获得成功。

激励潜能，可利用以下几种方法：

（1）设定目标　分阶段设立目标，并且使目标可视化。我们把目标记在书签或板子上，叫理想签，如"我要拿奖学金""我要有一辆车子"。不要忘记把目标记在理想签上，这样很快就会实现理想的。

（2）自我暗示　自我暗示就是每天都要暗示自己，"我是最棒的，我一定会成功，我喜欢我自己""这车子是我的""我将拿到一等奖学金"。

（3）目标实现　每天早上起床时和晚上入睡前想象目标实现的情景："辅导员（老师）将奖学金送到自己的手中""我太高兴了，开着自己的汽车""这车是我辛勤劳动换来的"。

重复是潜能开发神奇效果产生的原因。一定要注意，潜能开发与做事是两回事，不要每天只是开发潜能而忽视做事。最好的方法是，做事的时候不要忘记潜能开发。

3. 开发情商

根据对职业生涯成功人士的研究发现，在人生事业成功的要素中，情商是一个重要的因素。

"情商"作为心理学中的一个测量人的"情感智力"的量度概念，是作为"非智力因素"的概念而提出的，用以表示认识自身情绪、妥善管理情绪、自我激励、认识他人情绪和处理人际关系等方面的水平以及个人在单位、公司、团队中的心理平衡和情绪调节的能力。情商表现了人们通过情绪控制来提高生活质量的能力，以及如何激励自己、如何克制冲动、如何调整情绪，避免因为过度沮丧而影响思考能力；如何换位思考，对未来永远充满希望等。

情商能力包括直觉自知能力、理解平衡能力、自控能力、自我激励能力、人际关系处理能力、自信等。

直觉自知能力是情商首要的品质，即对自己的悲、喜、忧、乐等积极和消极情绪的觉察能力，也就是对自己的情感、情绪的自我反省、自我认识的能力。一个人对自己情感的认识和把握是情商的基础，谁能更好地认识和把握自己的情感，谁就能更好地驾驭生活。

理解平衡能力指调节情感的能力。每个人调节自己情感的方式和能力是不一样的，为了调节情感的冲突，有的人依靠倾诉，有的人依靠祷告，有的人依靠发泄，有的人依靠破坏，有的人依靠合理解释。

自控能力是一种延迟冲动的能力，即根据自身的情况、环境状况、人际交往状况，把握控制、适当表现，发泄自己情绪的能力。自控能力强的人进取心、学习能力、承受压力的能力等也强。

自我激励能力是指充分利用各种手段激励自己的能动性、创造性的能力，这是成功的内在动力和重要保证。情商高的人在失败面前也能不断激励自己，度过困境；而一些智商高情商较低的人却容易在事业失败时一蹶不振。

要做到正确把握和处理人际关系，首要的是具有了解他人情绪的能力。这种处理和理解有时显得十分微妙，善于处理人际关系的人总能得到帮助，容易取得成功。

自信心也是情商的一个重要因素。

4. 立即行动

职业生涯规划能否实现，取决于能否立即行动，因为只有行动，才有成功的可能；只有从现在做起，把规划付诸行动，一切才会真实而明确地展现在你的面前。

职业院校的学习，不但要为即将开始的就业做准备，而且要为终身接受教育打下基础。学校为学生提供了集中精力学习的环境，珍惜这种学习机会和学习环境，就是珍惜自己的未来。积极参加各种社会实践活动，如军事训练、教学实习、生产实习、公益劳动、科技文化活动、志愿者活动、勤工俭学等，这些既是锻炼、提高自身素质的不可或缺的途径，也是了解社会、了解职业、了解自己的最佳渠道。

要实现自己的职业生涯目标，必须从现在做起，当日事当日毕。前进的道路并非平坦，要成就一番事业，必须不怕困难，持之以恒。

四、职业生涯的发展与成功

1. 职业生涯发展阶段理论

职业生涯贯穿人的一生，在发展的不同阶段，有着不同的职业需求和人生追求。20 岁时希望尽快进入角色，30 岁时追求发展空间，40 岁时寻求突破，50 岁时可能又力求平衡。正确认识职业生涯发展规律以及自己所处的发展阶段，对制订有效的职业生涯规划是非常重要的。

美国著名职业指导专家格林豪斯将职业生涯划分为 5 个阶段：

（1）职业准备阶段（0～18 岁）　其主要任务是：发展职业想象力，对职业进行评估和选择，接受必需的职业教育。

（2）查看组织阶段（18～25 岁）　其主要任务是：在一个理想的组织中获得一份工作，在获取足量信息的基础上，尽量选择一种合适的、较为满意的职业。

（3）职业生涯初期（25～40岁）　其主要任务是：学习职业技术，提高工作能力；了解和学习组织纪律和规范，逐步适应职业工作，适应和融入组织；为未来的职业成功做好准备。

（4）职业生涯中期（40～55岁）　其主要任务是：重新评估早期职业生涯，强化或改变自己的职业理想，选定职业，努力工作，有所成就。

（5）职业生涯后期（55岁甚至退休）　其主要任务是：继续保持已有职业成就，维护尊严，准备隐退。

2. 职业生涯成功

对不同的人来说，职业需求不同，职业目标各异，成功的标准也不一样。一般来说，个人职业生涯成功有以下几种情况：

1）个人的价值取向、能力、个人的特征与其所选择的职业正相适合，且在这一职业岗位上工作得心应手、顺心顺利。

2）个人有自我职业目标，无论是初就业便一直在某种职业岗位上，还是历经坎坷，发生职业流动或转移，最终个人既定职业目标得以实现，就是一种职业成功。

3）在所从事的职业工作岗位上尽心尽力、尽职尽责，做出突出成绩，本人有一种自我满意感、成就感，或者得到组织、同事的认同，也是一种职业的成功。

4）勇于创新，取决于"另辟蹊径""不要总是顺着老路走，在没有路的地方去踏出一行新的脚印"。这样的人，必是有所建树、有所成就者，所以这也是个人职业的成功。

个人取得职业成功，其影响因素是多方面的，有企业的外部环境因素、内部环境因素；还有个人因素，如热忱的态度、目标明确与目标管理、谦虚好学、勤劳、爱岗敬业、擅于理财等。

每个人都是自己人生和事业的建筑师，每个人必须对自己的人生负责，必须对自己的事业负责。习近平总书记在十二届全国人大一次会议闭幕会上的讲话中指出："中国梦是民族的梦，也是每个中国人的梦。只要我们紧密团结，万众一心，为实现共同梦想而奋斗，实现梦想的力量就无比强大，我们每个人为实现自己梦想的努力就拥有广阔的空间。生活在我们伟大祖国和伟大时代的中国人民，共同享有人生出彩的机会，共同享有梦想成真的机会，共同享有同祖国和时代一起成长与进步的机会。有梦想，有机会，有奋斗，一切美好的东西都能够创造出来。"把自身价值体现与服务社会相结合，把个人梦、职业梦融入国家梦和民族梦，努力成为国家需要的合格建设者。

　　人生成功从职业生涯发展开始，在职业生涯初始阶段为自己制订职业生涯规划，就是构筑自己的人生宏伟大厦。职业生涯几十年，花上 6～10 小时时间，为自己做一份非常认真的、科学的职业生涯规划，这是非常值得的，也是非常必要的。

延伸阅读1

关于"全国大学生职业生涯规划大赛"

1. 大赛简介

　　自 2009 年起，在教育部高校学生司的指导下，全国高等学校学生信息咨询与就业指导中心定期举办了"全国大学生职业生涯规划大赛"。大赛分为初赛、复赛和决赛三个环节，以小组晋级的方式经过层层筛选，最终评出优秀选手推荐用人单位录用。

2. 大赛宗旨

　　大赛的宗旨是"放飞梦想、创造未来"。

3. 大赛特色

　　全国大学生职业生涯规划大赛是由教育部指导，全国高等学校学生信息咨询与就业指导中心主办的面向全国大学生的大型赛事，是目前涉及范围最广、影响力最大的大学生活动。教育部下达司局级文件部署各地就业指导中心及各高校，调动 10 000 名系统工作人员，从初赛、复赛、决赛全面支持赛事工作，并建立赛事工作简报，定期总结，及时通报赛事进程及工作情况。

4. 大赛回顾

　　2009 年首届全国大学生职业生涯规划大赛，自 5 月份启动以来，得到了各省市、各高校的积极响应和广泛支持，共有 24 个省市、1 000 余所高校、70 余万学生参与了此次比赛。最终来自 24 个省市的 80 名选手、指导老师、省市领队共计 200 余人参加了决赛，角逐最后奖项。在四天的紧张比赛中，各参赛选手紧紧围绕自己的职业规划，在各个比赛环节，充分利用掌握的职业规划知识，展示自己的职业素养与能力，向评委和观众展现了一个个充满个人魅力的未来职业规划蓝图。

5. 大赛未来

　　建立企业与人才沟通平台，从大学一年级新生开始建立个性化档案，免费为企业挑选并测评潜在优良人才，关注并指导其在校期间各方面成长，为企业量身定制人力资源，形成企业连接校园的一条重要纽带。

延伸阅读2

习近平：在北京大学师生座谈会上的讲话（节选）

（2018年5月2日）

同学们、老师们！

当代青年是同新时代共同前进的一代。我们面临的新时代，既是近代以来中华民族发展的最好时代，也是实现中华民族伟大复兴的最关键时代。广大青年既拥有广阔发展空间，也承载着伟大时代使命。青年是国家的希望、民族的未来。我衷心希望每一个青年都成为社会主义建设者和接班人，不辱时代使命，不负人民期望。对广大青年来说，这是最大的人生际遇，也是最大的人生考验。

2014年我来北大同师生代表座谈时对广大青年提出了具有执着的信念、优良的品德、丰富的知识、过硬的本领这4点要求。借此机会，我再给广大青年提几点希望。

一是要爱国，忠于祖国，忠于人民。爱国，是人世间最深层、最持久的情感，是一个人立德之源、立功之本。孙中山先生说，做人最大的事情，"就是要知道怎么样爱国"。我们常讲，做人要有气节、要有人格。气节也好，人格也好，爱国是第一位的。我们是中华儿女，要了解中华民族历史，秉承中华文化基因，有民族自豪感和文化自信心。要时时想到国家，处处想到人民，做到"利于国者爱之，害于国者恶之"。爱国，不能停留在口号上，而是要把自己的理想同祖国的前途、把自己的人生同民族的命运紧密联系在一起，扎根人民，奉献国家。

二是要励志，立鸿鹄志，做奋斗者。苏轼说："古之立大事者，不惟有超世之才，亦必有坚忍不拔之志。"王守仁说："志不立，天下无可成之事。"可见，立志对一个人的一生具有多么重要的意义。广大青年要培养奋斗精神，做到理想坚定，信念执着，不怕困难，勇于开拓，顽强拼搏，永不气馁。幸福都是奋斗出来的，奋斗本身就是一种幸福。1939年5月，毛泽东同志在延安庆贺模范青年大会上说："中国的青年运动有很好的革命传统，这个传统就是'永久奋斗'。我们共产党是继承这个传统的，现在传下来了，以后更要继续传下去。"为实现中华民族伟大复兴的中国梦而奋斗，是我们人生难得的际遇。每个青年都应该珍惜这个伟大时代，做新时代的奋斗者。

三是要求真，求真学问，练真本领。"玉不琢，不成器；人不学，不知道。"知识是每个人成才的基石，在学习阶段一定要把基石打深、打牢。学习就必须求真学问，求真理、悟道理、明事理，不能满足于碎片化的信息、快餐化的知识。要通过学习知识，掌握事物发展规律，通晓天下道理，丰富学识，增长见识。人的潜力是无限的，只有在不断学习、不断实践中才能充分发掘出来。建设社会主义现代化强国，发展是第一要务，创新是第一动力，人才是第一资源。希望广大青年珍惜大好学习时光，求真学问，练真本领，更好为国争光、为民造福。

四是要力行，知行合一，做实干家。"纸上得来终觉浅，绝知此事要躬行。"学到的东西，不能停留在书本上，不能只装在脑袋里，而应该落实到行动上，做到知行合一、以知促行、以行求知，正所谓"知者行之始，行者知之成"。每一项事业，不论大小，都是靠脚踏实地、一点一滴干出来的。"道虽迩，不行不至；事虽小，不为不成。"这是永恒的道理。做人做事，最怕的就是只说不做，眼高手低。不论学习还是工作，都要面向实际、深入实践，实践出真知；都要严谨务实，一分耕耘一分收获，苦干实干。广大青年要努力成为有理想、有学问、有才干的实干家，在新时代干出一番事业。我在长期工作中最深切的体会就是：社会主义是干出来的。

同学们、老师们！

辛弃疾在一首词中写道："乘风好去，长空万里，直下看山河。"我说过："中国梦是历史的、现实的，也是未来的；是我们这一代的，更是青年一代的。中华民族伟大复兴的中国梦终将在一代代青年的接力奋斗中变为现实。"新时代青年要乘新时代春风，在祖国的万里长空放飞青春梦想，以社会主义建设者和接班人的使命担当，为全面建成小康社会、全面建设社会主义现代化强国而努力奋斗，让中华民族伟大复兴在我们的奋斗中梦想成真！

（摘自："新华网"2018年5月3日）

思考与测试三

1. 什么是职业生涯？
2. 大学生为什么要进行职业生涯规划？
3. 谈谈职业生涯开发的意义。
4. 怎样看待职业生涯成功？
5. 在分析自身条件和社会环境的基础上设计一份职业生涯规划（规划可以用文字形式，也可用表格方式，表3-1为职业生涯规划表，可供参考）。

表3-1　职业生涯规划表

姓名		性别		年龄		政治面貌	
所学专业			职业意向				
个人因素分析							
环境因素分析							
职业生涯目标	人生目标						
	长期目标						
	中期目标						
	短期目标						
在校学习规划与措施							
中期规划与措施							
长期规划与措施							
人生规划与方案							
备注							

6. 测测你的自控力。下列题目中，每题有4个备选答案，根据你的实际情况，选择一个最适合你的答案。

1）当一个你不认识的人对你十分怠慢时，你最可能的反应是：

 A. 内心的愤懑很久不能平静 B. 立即大发雷霆

 C. 耸耸肩，毫不在乎 D. 怀恨在心，伺机报复

2）你原以为过半小时就可以获得一个重要的东西，但事实上你已经等了近两个小时还未得到。你的反应是：

 A. 烦恼、发怒，但很快就忘却 B. 只不过发些牢骚

 C. 大发雷霆，大闹一场 D. 长时间耐心等待或无可奈何地放弃

3）当你遇见一位非常吸引人的异性时，你幻想双方都一见钟情，你最可能的反应是：

 A. 非常谨慎，不想卷入感情的风波中 B. 态度不明确，保持中立

 C. 感情奔放，过分热情 D. 满怀希望地做出冒险的行为

4）我们每个人都会遇到一些最不能忍受的事，在你能迅速回忆起来的这类事情中，哪项最能激怒你：

 A. 别人的愚笨

B. 别人的拖拉作风、疑心重重和优柔寡断

C. 别人的不可靠行为、不愿助人的态度

D. 别人的某些其他行为

5）你必须减轻体重、减少抽烟等，因为你认识到这样做对人对己都有好处，你决定这样做了，结果：

A. 一开始就彻底失败

B. 虽有良好的开端，但虎头蛇尾

C. 起初效果不理想，但经过长期努力，还是取得了一定成效

D. 按预定的方法去做，结果很快就成功了

6）你一个人在家里做了些无关紧要又很蠢的事，但无人可责怪，只好自己恨自己。你会：

A. 大声咒骂几句，然后自我感觉良好

B. 为此事唠叨个没完，总是记在心上

C. 流露出烦恼情绪，然后做些其他事，把这些事忘掉

D. 大骂自己一顿，但最终还是平静下来不间断地责怪自己

7）不管是什么原因，你与别人发生了一点儿小的冲突，对方用武力触犯了你，你的反应是：

A. 用言语表示抗议　　　　　　　B. 以牙还牙

C. 强有力地还击　　　　　　　　D. 尽可能不予理睬

8）你最不喜欢别人说你：

A. 不诚实，不正直

B. 冷酷无情

C. 精神失常

D. 缺乏自信、无主见，容易被别人所左右

9）你已经很长时间希望自己能获得一些成功，并做了极大的努力，但最终却一事无成。你认为应该：

A. 干脆放弃这种愿望　　　　　　B. 重新振作精神，继续努力争取

C. 当然感到失望，但情绪基本稳定　D. 比以前更玩世不恭

10）当你观察你所了解的其他人时，你认为他们中绝大部分人的主要特点是：

A. 缺乏持久性和恒心

B. 缺乏保持愿望的能力，不能把握成功的机会

  C. 头脑简单，知识贫乏

  D. 没有运气

11）当你出乎意料地成为别人取笑的对象时，你会：

  A. 内心发怒，但脸上仍露出笑容　　B. 努力辩解和解释

  C. 流露出烦恼情绪　　　　　　　　D. 毫不计较，只是一笑了之

12）你认为以下哪一点最能损害一个人的形象？

  A. 放纵自己　　　　　　　　　　　B. 对别人的感情和需要漠不关心

  C. 对人冷漠　　　　　　　　　　　D. 缺乏魄力、雄心

下面，请依据表 3-2 进行评分。

表 3-2　评分与分析

	1	2	3	4	5	6	7	8	9	10	11	12
A	6	5	9	9	1	8	8	5	2	7	8	10
B	3	7	10	7	6	4	3	4	10	10	5	4
C	10	1	4	5	9	10	1	8	10	5	2	8
D	2	10	0	10	10	6	10	10	0	9	0	6

  注：若 100 分以上：说明你有坚强的意志，自制力很强，但应该注意掌握分寸，不要让别人觉得讨厌。

  若 80~99 分：说明你的自制力强于一般人，但这绝不是感情冷漠，而是一种好的品质类型。

  若 50~79 分：说明你的自制力需要稍微再强一些，要经过努力才能达到上述品质。

  若 49 分以下：很遗憾，你几乎没有自制力，你必须加倍努力改进自己。

7. 这里设计了一组测试指标，你不妨试试，自测一下你的情商有多高。请对下列问题回答"是"或"否"。

1）对自己的性格类型有比较清晰的了解

2）知道自己在什么样的情况下容易发生情绪波动

3）懂得从他人的言谈与表情中发现自己的情绪变化

4）有扪心自问的反思习惯

5）遇事三思而后行，不赞同"跟着感觉走"

6）遇有不顺心的事能够抑制自己的烦恼

7）遇到意想不到的突发事件，能够冷静应对

8）受到挫折或委屈，能够保持能屈能伸的乐观心态

9）出现感情冲动或发怒时，能够较快地"自我熄火"

10）听到批评意见包括与实际情况不符的意见时，没有耿耿于怀

11）在人生道路上的拼搏中，相信自己能够成功

12）决定了要做的事不轻言放弃

13）工作或学习上遇到困难，能够自我鼓励克服困难

14）相信"失败乃成功之母"

15）办事出了差错自己总结经验教训，不怨天尤人

16）对同学、同事们的脾气性格有一定的了解

17）经常留意自己周围人的情绪变化

18）与人交往时知道要了解和尊重他人的情感

19）能够说出亲人和朋友各自的一些优点和长处

20）不认为参加社交活动是浪费时间

21）没有不愿同他人合作的心态

22）见到他人的进步和成就没有不高兴的心情

23）与人共事懂得不能"争功于己，诿过于人"

24）朋友相处能够"严于律己，宽以待人"

25）知道失信和欺骗是友谊的大敌

上述25个问题测量的是情商所包含的五个方面的内容：① 认知自身的情绪；② 控制自身的情绪；③ 自我激励；④ 了解他人的情绪；⑤ 人际关系管理。

如果你在第1～4题中答"是"达3个以上，则表明你对自身的情绪有较高的认知。

如果你在第5～10题中答"是"达4个以上，则表明你对自身的情绪有较高的控制力。

如果你在第11～15题中答"是"达4个以上，则表明你善于自我激励。

如果你在第16～18题中答"是"达2个以上，则表明你能够了解他人的情绪。

如果你在第19～25题中答"是"达5个以上，则表明你擅长于人际关系管理。

进行一下总体衡量，25个题中答"是"达到20个以上者属高情商，在14～19个之间者情商属中等，13个以下者情商则偏低。

倘若你发现你的情商偏低，也无须恐惧，只要找准缺点，有针对性地加强自我修养和锻炼，是可以提高情商的。

第四课
职业素质及职业与专业学习

一、素质及职业素质

1. 人的素质

素质是人在生理遗传因素的基础上，通过教育和环境的影响而形成和培养起来的相对稳定的内在的基本品质。生理遗传因素是后天基本品质形成的载体。教育包括家庭教育、学校教育和社会教育。环境主要是指社会环境和自然环境。

根据素质形成和发展过程的由低级到高级的层次性，可以把素质划分为：生理素质、心理素质和社会文化素质三个层面。

（1）生理素质 生理素质是指人的生理机能特征，是人的整体素质发展的基础层次，它决定着个体素质发展的潜在可能性。

（2）心理素质 心理素质是一个人的遗传素质和人类在历史发展过程中所创造的文明成果相互作用、内化的结果，它是人与外部世界相互联系、相互作用的中介。心理素质既是在生理素质的基础上发展起来的，又影响着社会文化素质的内化，它是由此及彼地连接两者的桥梁。

（3）社会文化素质 社会文化素质是指人在特定的社会生活环境中，通过学习、教育所具备的与该社会发展要求相一致的属性。它可细分为思想政治素质、科学文化素质、道德素质、审美素质、内潜素质（沉淀在心理深沉的文化潜在意识）与外显素质（外部表现出来的从事各项社会实践活动的能力）等，它们既相互作用，又相互影响。

生理素质、心理素质和社会文化素质在人的整体素质中处于不同的发展层次，人的生理素质相当于动力系统，心理素质相当于平衡系统，社会文化素质相当于启动器，是指标和控制系统。这三者相互渗透，相互促进，相互制约，但不可相互替代，共同构成人的素质的完整图景,如图4－1所示。人的素质正是在这样一种相互制约、相互作用的循环往复中不断得到完善与提高。

图4－1 素质的三个层面

2.职业素质

职业素质是指劳动者在生理和心理条件的基础上,通过专业(职业)教育(培训)、职业实践和自我完善等途径而形成和发展起来的,在职业活动中起着重要作用的内在基本品质。

不同职业对从事人员的专业知识和技能有着特定的要求。例如,作家对生活要有敏锐的感受力和较强的语言表达能力等;工程技术人员要有研究精神以及文字、图表的交流表达能力等;从事产品销售职业者须有较强的公关能力、市场分析能力等。所以说,专业知识和专业技能是职业素质中最具特色的内容。

劳动者的职业素质具有5个方面的特性:专业性、稳定性、内在性、整体性和发展性。

(1)职业素质的专业性 职业素质的专业性是指劳动者一般都具有一定的专门的业务能力。高职高专院校的每个专业都有培养目标,其中业务要求和专业能力是培养目标的重要内容。培养目标告诉学生毕业后将会从事什么样的专业性工作,所以要抓紧在校的学习机会,努力提高自己的专业能力。

(2)职业素质的稳定性 职业素质的稳定性是指劳动者的职业素质一经形成,便会在其职业活动中稳定地表现出来。例如,一个具有良好职业素质的技术工人,其吃苦耐劳、爱岗敬业的精神就会稳定地表现出来;一个优秀的营销人员,其娴熟的业务水平、诚实守信的品格,无论在哪儿都会稳定地表现出来。

(3)职业素质的内在性 职业素质的内在性是指人们在对所从事职业的业务要求

和专业知识的内在表现。它一经形成就以潜能的形式存在，并在职业活动中充分呈现出来，职业活动是职业素质外在的桥梁。

（4）职业素质的整体性　职业素质的整体性是指劳动者的业务知识、专业能力和其他良好品质在职业活动中的综合表现。一个人要取得职业生涯的成功，不仅要具备必要的知识、技能，还要具有坚定的信念、社会责任感、良好的自我控制能力和耐挫折能力等。

（5）职业素质的发展性　职业素质的发展性是指随着社会发展和科学技术的进步，不同的社会历史发展时期对劳动者的职业素质有不同的要求。因此，劳动者必须从时代发展的需要出发，不断地提高和完善自身的职业素质；反之，如果一个劳动者不具备符合时代要求的职业素质，就可能失业。

二、职业素质的构成

职业素质由 5 个方面的素质构成：思想政治素质、职业道德素质、科学文化素质、专业技能素质和身心素质。

1. 思想政治素质

思想政治素质是指人们在政治上的信念、世界观和价值观。思想政治素质是职业素质的灵魂，对其他素质起统帅作用，规定着其他素质的性质和方向。

习近平在全国高校思想政治工作会议上强调，要教育引导学生正确认识世界和中国发展大势，从我们党探索中国特色社会主义历史发展和伟大实践中，认识和把握人类社会发展的历史必然性，认识和把握中国特色社会主义的历史必然性，不断树立为共产主义远大理想和中国特色社会主义共同理想而奋斗的信念和信心；正确认识中国特色和国际比较，全面客观认识当代中国、看待外部世界；正确认识时代责任和历史使命，用中国梦激扬青春梦，为学生点亮理想的灯、照亮前行的路，激励学生自觉把个人的理想追求融入国家和民族的事业中，勇做走在时代前列的奋进者、开拓者；正确认识远大抱负和脚踏实地，珍惜韶华、脚踏实地，把远大抱负落实到实际行动中，让勤奋学习成为青春飞扬的动力，让增长本领成为青春搏击的能量。

2. 职业道德素质

职业道德是社会道德的有机组成部分，是社会道德原则和道德规范在职业生活中的具体表现。它包括职业态度、职业道德修养水平等。

职业道德是一个历史范畴。社会主义职业道德规范的具体要求是：爱岗敬业，诚实守信，办事公道，服务群众，奉献社会。其中，爱岗敬业是职业道德的核心和基础，诚实守信、办事公道是职业道德的重要准则，服务群众、奉献社会是职业道德的灵魂。

劳动者应把职业道德规范内化为自己的信念，在职业活动中自觉地去遵守。一个人只有具备一定的道德修养，才能在职业活动中刻苦地钻研业务，提高技能，注意产品质量和服务质量，讲究信誉，忠实地履行岗位职责。

3. 科学文化素质

科学文化素质是指人们对自然、社会、思维、科学知识等人类文化成果的认识和掌握的程度。它包括：科学精神、求知欲望和创新意识。

科学精神就是从实际出发，按事物发展规律办事，不迷信、不盲从、不附和，以客观事实为依据，服从真理，概括地说就是实事求是。同学们在学习科学知识、进行实验研究时要一丝不苟，精益求精。现代科学研究需要依靠集体的力量，它要求参与者应具有团结协作、严守纪律、严肃认真和执着追求的工作态度，同学们在学习和工作过程中应注意对这种精神的培养。

科学技术是第一生产力。科学知识是最宝贵的资源，是治理自然及社会各种问题的依据。同学们应激发自身对科学的兴趣，努力学习科学文化知识，向书本学，在实践中学，并善于在实践中发现问题。

科学文化素质不仅影响着人的生活质量，也影响、改变着人的思想观念和价值标准。科学文化素质是职业素质的基础。如果不具备一定的科学文化知识和合理的专业知识结构，就不可能拥有过硬的职业素质。

4. 专业技能素质

专业技能素质是指人们从事某种职业时，在专业知识和专业技能方面所表现出来的状况与水平。

专业知识是建立在科学文化知识基础之上的与从事的职业密切相关的知识，必须通过专业学习和职业活动来获得。高职高专院校旨在培养技能性专门人才，应开设一定的专业基础课和专业技术课，使学生掌握专业知识。

专业技能是在领会专业知识的基础上，经过专业学习过程中的实践训练和职业实践而逐步获得的。

一个人的专业技能素质越强，在职业生涯中所发挥的作用就越显著，创造力也就越强。

5. 身心素质

身心素质包括身体素质和心理素质。身心素质是从事职业活动的重要条件，是成就事业的基础。所以，在校期间要积极参加各项有益于身心健康发展的体育锻炼和社会活动，不断提高自己的身心素质。当今社会生活节奏快，工作压力大，特别要注意培养健康的情感和坚强的意志。积极健康的情感，使人思路开阔、思维敏捷，有利于人们适应社会；意志是人类所特有的心理现象，能经受挫折、有坚强的意志是成就事业的"柱石"。

职业素质是一个有机系统的整体。科学文化素质是基础，专业技能素质是本领，身心素质是支柱，思想政治素质、职业道德素质是灵魂和保证。因此，应该珍惜学校的学习生活，努力学习，积极参加各项有益的活动，在增长科学文化知识的过程中提升思想政治素质，知行合一，德才并进，和谐成长，为职业生涯的成功奠定基础。

三、努力提高职业素质

1. 提高职业素质的意义

提高职业素质有利于促进人的全面发展。人的一生大部分时间是在职业活动中度过的，职业素质的形成过程就是以专业知识和专业技能为核心的社会文化素质、心理素质和身体素质的整合过程。良好的职业素质有助于促进人的全面发展，促进自身的不断完善。

提高职业素质有利于提高劳动生产率。劳动者的职业素质将影响企业的产品数量和质量，劳动者的职业素质越高，劳动生产率就越高。

提高职业素质有利于推动社会发展和科技进步。党的二十大报告提出"深入实施人才强国战略。培养造就大批德才兼备的高素质人才，是国家和民族长远发展大计。"只有拥有数以万计的高素质的人才，科技才能进步，国家才能繁荣昌盛，社会才能全面发展。

2. 提高职业素质的途径与方法

高等院校的素质教育贯穿在整个教学活动之中，学生从走进校园的第一天起就要重视自己的素质培养和提高。表4 - 1列出了某学院开展的素质教育系列活动与培养目标，以供参考。

表4 - 1　素质教育系列活动与培养目标

年级	素质教育系列活动	培养目标
一年级	1）入学教育：校纪校规教育、行为规范教育、自我保护教育 2）军训：国防教育、队列训练、团队精神教育 3）政治课和政治学习：主题班会、民主选举班干部 4）抓早操、课间操、晚自习 5）职业讲座，简单礼仪培训，心理健康讲座，职业生涯规划讲座 6）开展各种文体活动：新生拔河、球类比赛、青春歌手赛、演讲朗诵比赛、主持人培训等 7）开展5月18日成人宣誓系列活动 8）开展"节水、节电、节粮、节能"活动，加强环境保护和勤俭节约教育 9）组织相应实践活动：志愿者、公益劳动 10）文化课教育与专业基础课教育	1）适应新环境，增强生活自理能力 2）了解并自觉遵守校规校纪，养成良好的文明行为习惯 3）了解高等职业教育的性质与培养目标，稳定情绪，建立专业思想，明确学习目的，端正学习态度 4）热爱集体，增强集体荣誉感，培养团队精神，努力建立和谐的人际关系 5）基本树立正确的人生观，正确理解和履行公民的权利和义务 6）提高身心素质，养成锻炼身体的好习惯，掌握科学的运动方式 7）提高科学文化素质 8）增强劳动观念，提高社会实践能力
二年级	1）继续抓常规教育：校纪校规（以案例为主）、早锻炼、晚自习 2）开展网络安全教育 3）开展政治学习，主题班会等 4）抓专业基础课、专业课学习，抓实践实训学习 5）开办第二专业，举办美育讲座	1）养成良好的生活习惯 2）具备安全防范意识 3）具备基本的礼仪知识 4）培养良好的职业道德 5）努力提高科学文化素质和专业技能素质 6）掌握多方面的知识，成为复合型人才

（续）

年级	素质教育系列活动	培养目标
二年级	6）开办业余党校、礼仪学校 7）组织"1＋1"助学活动 8）开展创新教育（组织小制作、小发明）等活动 9）举办主持人大赛、青春风采大赛、摄影大赛等活动 10）开展热爱家乡、建设家乡系列活动	7）培养了解美、欣赏美、评价美的意识 8）培养创新精神和创新意识
三年级	1）组织相应职业资格考试 2）组织好专业课和专业实践教学（产、学、研结合），顶岗实习，举办技能操作竞赛等 3）做好毕业生就业指导工作：就业政策、择业观、应聘、考试技巧等 4）创业教育：创业意识、创业者基本素质、创业流程 5）毕业教育：文明离校，举办"今天我以母校为荣，明天母校以我为荣"座谈会	1）培养较强的自我教育、自我管理、自律能力，能正确、科学地自我评价 2）有较强的安全意识、社交能力、自我表达能力，有一定的组织能力 3）具有运用综合知识分析、解决问题的能力，获取并正确分析信息的能力 4）具有创业意识和创业精神 5）全面提高职业素质 6）增强社会参与意识和社会责任感

　　市场经济带给人们的不仅是个性发展的自由，更多的是竞争激烈的生活环境带来的生存压力。只有根据市场经济的要求调整和充实自己，不断提高自身素质，提高自己谋生的本领，才能更好地生存和发展。

四、职业与专业学习

（一）专业设置

　　《普通高等学校高等职业教育专科（专业）目录》（以下简称《目录》）是高等职业教育的基本指导性文件，是高校设置与调整高职专业、实施人才培养、组织招生、指导就业的基本依据，是教育行政部门规划高职专业布局、安排招生计划、进行教育统计和人才预测等工作的主要依据，也是学生选择就读高职专业、社会用人单位选用高职毕业生的重要参考。

　　2021年3月教育部印发《职业教育专业目录（2021年）》（以下简称新版《目录》）。

1. 新版《目录》研制的背景和意义

随着我国进入新发展阶段，实现职业教育高质量发展，对优化专业设置、推动专业升级和数字化改造提出新的更高要求。一是《国家职业教育改革实施方案》（以下简称职教 20 条）要求专业目录五年一大修、每年动态更新，2020 年是对目录进行大修的时间节点。二是构建服务全民终身学习的教育体系，迫切需要一体化设计中职、高职专科、高职本科专业目录，推动各层次技术技能人才培养目标更加明晰，教学内容、评价等相互衔接。三是提高职业教育适应性，迫切需要主动对接"十四五"规划并面向 2035 年进行前瞻性布局，以系统思维推进专业升级与数字化改造。

2. 新版《目录》研制工作原则

新版《目录》研制工作主要遵循了以下原则：一是对接产业，对应职业。对应新经济、新技术、新业态、新职业，构建现代职业教育专业目录体系，做好不同层次专业间的区别和衔接，提高职业教育适应性。二是守正创新，与时俱进。坚持职业教育类型特征，统筹用好原有目录体例框架，基层专业建设实践成果，一体化设计《目录》结构。三是科学规范，灵活开放。遵循教育教学规律，统筹规范专业名称，拓展《目录》服务功能，健全《目录》动态更新机制，支持院校灵活设置专业。四是产教协同，凝聚合力。充分发挥学术组织、行业企业、研究机构、院校专家作用，形成工作合力，最大限度凝聚共识，引领"三教"改革。

3. 新版《目录》主要特点

新版《目录》坚持服务发展、促进就业的导向，全面体现职业教育专业升级与数字化改造理念，落实教育供给侧结构性改革新要求，主要有以下特点：

一是强化类型教育特征，服务技能型社会建设。新版《目录》全面覆盖联合国产业分类中所列全部 41 个工业大类以及国家发布的新职业，对接岗位群需求，兼顾学科分类，在厘清产业、职业、岗位、专业间关系的基础上，科学确定不同层次的专业定位。

二是中高本一体化设计，体现融通贯通理念。职业教育中、高、本各层次之间，同类专业之间纵向贯通、横向融通。面向职业岗位群逐层提升，培养目标和规格逐层递进，人才定位有机衔接。

三是对接现代产业体系，提升人才供给质量。对接"十四五"时期新形势，重点服务制造业强国建设、破解"卡脖子"关键技术等，面向战略性新兴产业重点领域，面向生产性服务业向专业化和价值链高端延伸，面向生活性服务业向高品质和多样化升级等，系统梳理新职业场景、新职业岗位对技术技能人才新需求，以目录为引领推进职业教育供给侧结构性改革。

四是推进数字化升级改造，构建未来技术技能。优化和加强 5G、人工智能、大数据、云计算、物联网等领域相关专业设置。适应数字化转型、产业基础高级化趋势，面向不同行业的数据驱动、人机协同、跨界融合、共创分享的智能形态等，从专业名称到内涵全面进行数字化改造。

五是遵循职业教育规律，服务终身学习需求。统筹处理传统专业和现代专业、一体化设计与特色设计、分段培养与系统培养、教育主导设计和行业指导设计、新兴产业发展与传统产业升级之间的关系。兼顾不同职业院校、不同工作岗位对专业口径宽窄的不同需求，兼顾系统培养学生和学生终身学习、全面发展需要。充分考虑中高职贯通培养、高职扩招、面向社会承接培训、军民融合发展等需求。

新版《目录》全面落实"十四五"规划和 2035 年远景目标的战略部署，具体体现在以下方面：

一是服务国家战略性新兴产业发展，面向 9 大重点领域，设置对应专业。如设置集成电路技术、生物信息技术、新能源材料应用技术、智能光电制造技术、智能制造装备技术、高速铁路动车组制造与维护、新能源汽车制造与检测、生态保护技术、海洋工程装备技术等专业。

二是服务现代服务业重点领域设置对应专业。如促进生产性服务业向专业化、价值链高端延伸，设置供应链运营、智能物流技术、数字化设计与制造技术等专业；回应社会民生关切，加强紧缺领域人才培养，设置婴幼儿托育服务与管理、智慧健康养老服务与管理、现代家政管理、冰雪运动与管理、石窟寺保护技术、职业病危害检测评价技术专业。

三是服务产业链供应链现代化水平提升，传统专业升级与新兴专业增设有机结合。如面向防务航空装备与国产大飞机生产，系统设置覆盖航空装备全周期的航空复合材料成型与加工技术、航空发动机制造技术、航空智能制造技术、飞行器数字化装配技术、航空发动机维修技术等专业；服务国家质量基础设施建设，设置标准化技术、工业产品质量检测技术、计量测试与应用技术等专业。

四是服务新型基础设施建设设置相关专业。如服务第五代移动通信、工业互联网的建设，设置现代移动通信技术、工业互联网技术等专业；服务智慧交通，设置智能交通技术等专业，服务智慧能源系统建设，设置水利水电工程智能管理、智慧水利技术、分布式发电与智能微电网技术等专业。

五是服务数字产业化和产业数字化发展，设置大数据技术、云计算技术应用、人工智能技术应用、嵌入式技术应用等专业；服务信息安全，设置信息安全技术应用、密码技术应用专业；全面推进各领域相关专业的数字化改造。

六是服务乡村振兴战略实施，设置现代农业经济管理、农村新型经济组织管理、休闲农业经营与管理、饲草生产技术、禽畜智能化养殖等专业；服务国家粮食安全保障，设置现代种业技术、粮食储运与质量安全等专业；服务绿色低碳发展，设置绿色低碳技术、智能环保装备技术、水环境智能监测与保护、资源综合利用技术、生态环境修复技术等专业。

七是服务国家治理能力提升，对接国家应急管理体系建设，设置应急救援技术、安全智能监测技术等专业；对接社会治安防控体系建设，设置智能安防运营管理、数字安防技术、安全保卫服务等专业；服务加强和创新社会治理，设置智慧社区管理、党务工作等专业。

八是服务新业态、新职业，补齐人才短板。如服务文化旅游新业态，设置定制旅行管理与服务、民宿经营与运营专业，针对装配式建筑新业态和"装配式建筑施工员"新职业，设置装配式建筑构件智能制造技术专业；针对"区块链工程技术人员""区块链应用操作员"新职业，设置区块链技术应用等专业；针对"全媒体运营师"新职业，设置全媒体电商运营、全媒体广告策划与营销、网络直播与营销等专业。

随着社会的变迁，职业也呈现出新的时代特点。科学技术的发展，提高了职业的科技含量，对劳动者的科技素质提出了越来越高的要求；改变了职业活动的内涵，职业活动中体力劳动的比重减少，脑力劳动的比重日益增加；加快了职业的新陈代谢，新职业不断产生，旧职业不断衰退。专业设置坚持现实性与前瞻性相结合，既适应我国当前经济发展和劳动力市场需要，又适应超前考虑未来经济发展和职业变化的需要。解决就业问题的基础环节是专业设置要适应市场要求。专业设置应瞄准经济与产业结构调整的走向，在广泛调研的前提下，组成由行业、企业、学校参加的专业指导委员会，对产业发展前景进行分析，对人才需求进行预测。

（二）专业学习的重要性

在现代社会里，一个人不经过专业学习，不掌握一定的专业知识和技能，就很难就业，更谈不上实现职业理想。因此，对每个学生来说抓住在校学习的机会，积极完成学业，对实现职业生涯规划具有重要的意义。

（1）学好专业是顺利就业的必备条件　扎实的专业知识和技能是就业从业的必备条件。因为无论在什么岗位上，没有一定的专业知识和专业技能，都无法履行岗位职责、完成工作任务。设想若学习制造类机械专业的毕业生看不懂图样，不会使用量具；学习电气专业的毕业生不会使用仪器、仪表，看不懂电气设备图，又怎么能胜任工作呢？在就业竞争日趋激烈的形势下，只有具备扎实的专业知识和过硬的专业技能，才能在就业竞争中占有优势，为顺利就业创造有利条件。

（2）学好专业是实现职业生涯目标的基础　只有完成学业，学好所学的专业，才能找到与专业相应的职业，并在职业舞台上灵活运用专业知识，充分发挥专业特长，出色完成工作任务，提高工作效率。这些正是一个人职业生涯发展的基础，也是实现职业生涯目标的基础。

（三）专业与职业的对应关系

1. 职业群

由于社会分工，人们从事着不同的职业。在国民经济建设不同的产业、行业领域中，有成千上万种不同的职业；学校所设置的专业是学业分类，它是从学科与技术的角度进行划分的。所以，专业和职业既有区别，又密切相关。

一个具体的专业与职业的对应关系可以是一个职业岗位，但更多的情况是，一个专业对应的是一个职业岗位群（或职业领域）。职业岗位群一般由工作内容、社会作用、基本技能要求相近，从业者所应该具备的素质接近的若干个职业岗位构成。例如，机械设计与制造专业，毕业生所对应的职业领域有：机械设计、加工工艺制订、工艺装备设计、CAD/CAM 等工程软件应用、数控编程、数控机床操作及技术管理等；电气自动化技术专业毕业生的就业方向是：电气自动化系统的安装、调试、改造及技术管理，变配电系统设备的运行、维修、安装、调试及部分设计工作，工业自动化系统营销等；计算机应用技术专业毕业生的就业岗位群有：企业、商贸、财经、金融、党政团体等单位从事计算机维护、修理以及数据库编程、网络设备安装与使用，多媒体制作、计算机营销等。

不管什么专业，学校在制订专业教学计划时都要明确该专业毕业生的就业方向（或职业岗位群）。

2. 增强职业意识

高等职业院校是培养与社会现代化建设要求相适应的高素质职业技术型人才的摇篮。学生在高等职业院校经过专业学习和训练，完成学业后，就会选择职业进入企业。所以，在校学习期间，就应该增强职业素质，熟悉与自己所学专业对应的职业群，关心这些职业或职业群的变化情况；了解与自己所学专业相关以及所需要的职业资格证书如何取得。

五、综合能力的培养

1. 职业层次

人们在根据自己的能力确定自己的工作类型外，还应该根据自己的能力，决定自己从事哪个层次上的工作，以达到人尽其才。一般把职业按照所要求的能力和责任度分为以下6个层次。

（1）非技能性工作　这种层次工作简单、普通，不要求独立的决策和创造能力。

（2）半技能性工作　要求在有限的工作范围里具有一些最低的技能和知识，或具备一定程度的操作能力。

（3）技能性工作　要求具备熟练的技术、专门的知识和判断力。

（4）半专业性和管理性工作　要求具备一定专业知识或判断力，这种工作对他人要承担低程度的责任。

（5）专业性工作　要求具备大量的知识和判断力，这种工作具有一定的责任和自主权。

（6）高级专业性和管理性工作　要求具有高水平的知识、智力和自主性，承担更多的决策和监督他人的责任。

2. 提高综合能力，适应职业层次的要求

综合能力培养是高职教育的核心目标。高职毕业生的能力结构包括操作能力、认知能力、表达能力和综合适应能力。

操作能力是指履行岗位职责的动手能力，要求掌握应知应会的职业技术规范及任职上岗需要的职业技能。

认知能力是指选择并快速获取知识与信息的能力、观察判断事物和临场应变能力、运用知识进行技术分析和解决实际问题的能力、进行技术革新和设计发明的创新能力等。

表达能力是指语言表达、文字表达、数理统计和运用展示图表的能力。

综合适应能力主要是指组织管理能力、自我发展能力和业务交往及社会交际的能力等。

高职毕业生的能力结构的特点是以应用为目的，突出理论技术和智力技能，辅之以经验、技术和操作技能。要以适应职业岗位（群）为目标加强智力技能训练，注重技术能力培养，使学生具有获取知识和运用知识的实际能力和与之相应的方法技巧，并在此基础上培养学生的创新精神，提高学生的创新能力，鼓励个性发展。

无论什么专业，学校在制订教学计划时都会围绕其培养目标和综合能力，安排相应的教育教学活动，一般有理论教学、实践教学（实验、实训）、素质教育活动、课程设计、毕业设计等。同学们应该积极完成每项教育教学内容和各项活动，努力提高自身的综合能力，以适应相应的职业层次。

延伸阅读 1

聘或不聘，综合素质是关键

深圳，毕业生春季"双选会"暨专业人才交流会的 6 000 个职位迎来全国各地 6 万学子应聘，供需见面，双向选择，招聘现场人头攒动，应聘者留下了 8 万人次的"个人简历"和应聘资料。

600 家用人单位进场招贤纳士，它们是深圳和周边地区的高新技术（项目）企业、金融机构、外商投资企业、股份制企业和民营企业，多数为用人需求大户，如富士康、康佳、TCL、深圳航空有限公司、三九制药、中航企业集团、交通银行等。招聘的职位大多集中在财经类、理工类和深圳地区社会经济发展急需的一些专业上。

　　招聘者十里挑一，职位竞争十分激烈。企业需要什么样的人？企业依据什么标准选人？除了第一道门槛——学历过线、专业对口等基本的硬件外，用人方主要选的是应聘者的综合素质。

　　笔者对资料中87家招聘方提出的综合素质条件进行统计。按每个岗位提出1项算1次，逐项统计，得出总数1 167项次，并按"职业道德与态度""能力要求"两大类分列13项，其中综合素质"团队合作""责任心""吃苦耐劳"分别排在"职业道德与态度"的前三位；"与人沟通""外语应用"和"信息处理（计算机应用）能力"分别排在"能力要求"的前三位。该份资料中招聘的职位（群）共有12个，如果归并成"生产类"（包括"一般职位""技术职位""研发设计"）、"服务类"（包括"客户服务""销售贸易""财务""文秘""律师""翻译""策划师"）和"管理类"（包括"项目经理""行政管理""储备干部"）三大类职位，各大类职位招聘方的素质要求列序情况见表4-2。

表4-2　职位招聘方的素质要求

类别	素质条件项	分类项、次数		
		生产类	服务类	管理类
职业道德与态度	团队合作精神、亲和力、性格随和开朗、乐意与人交往	34	45	55
	责任心、事业心、敬业精神、积极主动、踏实肯干、认真细致	32	51	34
	适应能力强、承受一定工作压力、吃苦耐劳	28	32	39
	正直、诚信、为人踏实、忠诚	10	23	20
	不断超越、勇于挑战、追求卓越、进取、自信、乐观向上	5	9	9
	工作谨慎、自律、组织纪律性强	4	2	2
能力要求	沟通能力、写作能力、表达能力	39	117	71
	外语能力	54	78	62
	信息处理（计算机应用）能力	38	49	19
	分析解决问题能力、策划能力、思维敏捷、逻辑判断能力	18	35	32
	组织协调能力	4	23	33
	创新能力、开发能力	10	9	10
	学习能力、领悟力	14	10	8

从表4-2可以看出，在"职业道德与态度"素质方面，六项素质要求在三大类职位的列序基本一致。在"能力要求"方面，"沟通能力"和"外语能力"（作为沟通工具）要求在三大类职位中居前列，在生产类企业中，由于主要为研发设计和技术岗位，"外语能力"要求提出的项次高于一般"沟通能力"；"信息处理（计算机应用）能力"在生产类、服务类职位居第三位，而在管理类职位的要求中却排在"分析解决问题能力"和"组织协调能力"之后，居第五位，这与岗位要求特点一致。

（摘自：《中国教育报》）

延伸阅读2

树立核心价值观要在勤学上下功夫

习近平总书记在五四重要讲话中强调，广大青年树立和培育社会主义核心价值观，要在勤学上下苦功夫。这句话精辟地指明了勤学与树立社会主义核心价值观之间的内在联系，广大青年和教育工作者要深刻领会这一重要论述，躬行实践，求得真学问。

知识是树立核心价值观的重要基础，勤学是树立核心价值观的重要途径。知识是智慧的源泉，更是德行的"美容师"。儒家经典《论语》开篇即论"学而时习之，不亦说乎"。一个人只有勤于学习，驾一叶扁舟畅游知识的海洋，如蜜蜂广采百花酿成甜蜜一样，在丰富知识、深厚学养的基础上，才能形成明辨是非的能力、坚持人生方向的定力，进而牢牢树立起社会主义核心价值观。青春是人生最美好的时光，大学是求知最理想的殿堂。广大青年要珍惜大好年华，把更多时间用在博览群书、阅读经典上，把更多的精力放在攀登知识高峰、追求人生真理上。热烈拥抱真善美的青春，孜孜不倦以求知为乐的大学生活，才是送给人生最美好的礼物。

为学之道要贵在勤奋、贵在钻研、贵在有恒。一个人世界观、人生观、价值观的形成，不可能是一日之功，而要靠长期的学习、体验和思考。求知也是如此，只有持之以恒、日积月累，方能学有所成。青年人的最大特点是有活力、充满热情，对未来满怀美好的想象、期待，常常因此热血沸腾。但我们既要仰望星空，也要脚踏实地；既要有"指点江山，激扬文字"的青春豪情，更要有"上穷碧落下黄泉"的求知韧劲。学品即人品，有什么样的为学求知态度，就有什么样的人生品格。不可否认的是，当下功利实用主义开始抬头，社会上充满着浮躁的空气。大学生是民族、国家的未来，要自觉肩负起时代的使命，不为一时世风所惑，心无旁骛，勤奋学习，以高洁的学品涵养高尚的人品，以良好的学风锻造做人的风格。

青年既要敏于求知，又要学会担当责任。读书是为了明理，学习是为了致用。"大学之道，在明明德，在亲民，在止于至善。"学习的一个重要目标，就在于经世致用和人格的完善。如果把为学求知与社会责任割裂开来，甚至以读书的名义拒绝社会责任的担当，那么就容易死读书、读死书。学习知识贵在"活"，联系实际，勤于思考，把书读活。唯其如此，所读所学才会内化于心，形成自己的见解，死的知识才会变成活的思想。处于伟大变革时代的青年，个人的人生价值追求、为学求知的目标，应该自觉与时代潮流、民族命运联结起来。新时代的青年，不能只关心个人的小天地，而要"家事国事天下事，事事关心"，做一个有远大理想、胸怀天下、勇担责任的大写的人。

学以增智，学以怡情，学以养德。树立和培育社会主义核心价值观，需要广大青年和教育工作者勤奋学习、终身学习，在孜孜不倦的求知中陶冶、锤炼高尚的品德，把求真与行善统一起来，自觉做社会主义核心价值观的践行者、示范者。

（摘自：《中国教育报》2014 年 5 月 13 日）

思考与测试四

1. 职业素质有哪些特征？
2. 试叙述职业素质的构成及相互关系。
3. "聘或不聘，综合素质是关键"一文说明了什么？
4. 根据自己的情况分析自己的不足之处，制订提高自身职业素质的计划。
5. 专业设置的依据是什么？
6. 为什么要学习专业？
7. 高职毕业生能胜任哪几个职业层次的职业？

第五课
高职教育与职业技能

一、加快建设制造强国需要高技能人才

党的二十大报告提出，"坚持把发展经济的着力点放在实体经济上，推进新型工业化，加快建设制造强国、质量强国、航天强国、交通强国、网络强国、数字中国"。这对加快建设制造强国，提出了新的更高要求。

2022 年 9 月，中共中央办公厅、国务院办公厅印发《关于加强新时代高技能人才队伍建设的意见》，明确加强先进制造业、战略性新兴产业、数字技能、乡村振兴等重大领域技能人才培养，全民实施"技能中国行动"，持续推进部省共建技能省市，努力培养造就更多大国工匠、高技能人才。

技术工人队伍是支撑中国制造、中国创造的重要力量。目前，我国技能劳动者超过 2 亿人，高技能人才超过 6 000 万人，但技能人才总量仍然不足，高技能人才存在结构性短缺。

二、高职教育与技能人才培养

我国高技能人才总量不足、结构问题突出、人才断档现象严重，与世界先进水平差距较大，与经济社会发展需要不相适应。

人才是建设制造强国的根本，缺乏高技能操作人才，即使有创意极好的设计与想法，也难以转化为产品。制造业要发展，需要大力发展职业教育，培养大量经过技能培训的高素质人才，而培养生产一线高技能操作人才是一项中长期的战略任务。

2022 年 12 月中共中央办公厅、国务院办公厅印发的《关于深化现代职业教育体系建设改革的意见》指出：以习近平新时代中国特色社会主义思想为指导，深入贯彻党

的二十大精神，坚持和加强党对职业教育工作的全面领导，把推动现代职业教育高质量发展摆在更加突出的位置，坚持服务学生全面发展和经济社会发展，以提升职业学校关键能力为基础，以深化产教融合为重点，以推动职普融通为关键，以科教融汇为新方向，充分调动各方面积极性，统筹职业教育、高等教育、继续教育协同创新，有序有效推进现代职业教育体系建设改革，切实提高职业教育的质量、适应性和吸引力，培养更多高素质技术技能人才、能工巧匠、大国工匠，为加快建设教育强国、科技强国、人才强国奠定坚实基础。因此职业院校的学生应加强实训和实习环节，以便更快更好地掌握生产一线需要的技能。图5–1展示的就是准毕业生顶岗实习的情景。

图5–1 准毕业生顶岗实习

职业教育是为制造业等实体经济培养、输送技术技能人才的主渠道和主阵地。信息技术是将来这些人才必备的技能，所以要加强对学生的信息技术，特别是掌握信息技术的能力的培养。

同时，要求未来的技术人才要有良好的职业道德、工匠精神；要求他们有扎实的基本功和基本的学习能力；要求他们应该是复合型人才，不再是单一工种，应具有迅速解决生产现场实际问题的能力，要有良好的合作、沟通能力，要具有国际视野，要具有国际化交流的能力。

2019年2月，国务院印发了《国家职业教育改革实施方案》（国发〔2019〕4号），以下简称《方案》。《方案》指出，要坚持以习近平新时代中国特色社会主义思想为指导，把职业教育摆在教育改革创新和经济社会发展中更加突出的位置，明确职业教育与普通教育是两种不同的教育类型具有同等重要地位。《方案》指出，随着我国进入新的发展阶段，产业升级和经济结构调整不断加快，各行各业对技术技能人才的需求越来越紧迫，职业教育的重要地位和作用越来越凸显，具备了基本实现现代化的诸多有利条件和良好的工作基础。同时，职业教育还存在一些问题，到了必须下大力气全面深化职业教育改革的时期。改革的总体目标是，经过 5～10 年时间，职业教育基本完成由政府举办为主向政府统筹管理、社会多元办学的格局转变，由追求规模扩张向提高质量转变，由参照普通教育办学模式向企业社会参与、专业特色鲜明的类型教育转变，大幅提升新时代职业教育现代化水平，为促进经济社会发展和提高国家竞争力提供优质人才资源支撑。《方案》指出，"启动 1＋X 证书制度试点工作"："深化复合型技术技能人才培养培训模式改革，借鉴国际职业教育培训普遍做法，制订工作方案和具体管理办法，启动 1＋X 证书制度试点工作。试点工作要进一步发挥好学历证书作用，夯实学生可持续发展基础，鼓励职业院校学生在获得学历证书的同时，积极取得多类职业技能等级证书，拓展就业创业本领，缓解结构性就业矛盾。国务院人力资源社会保障行政部门、教育行政部门在职责范围内，分别负责管理监督考核院校外、院校内职业技能等级证书的实施（技工院校内由人力资源和社会保障行政部门负责），国务院人力和资源社会保障行政部门组织制定职业标准，国务院教育行政部门依照职业标准牵头组织开发教学等相关标准。院校内培训可面向社会人群，院校外培训也可面向在校学生。各类职业技能等级证书具有同等效力，持有证书人员享受同等待遇。院校内实施的职业技能等级证书分为初级、中级、高级，是职业技能水平的凭证，反映职业活动和个人职业生涯发展所需要的综合能力"。

三、职业资格

1. 从业资格和执业资格

职业资格包括从业资格和执业资格。从业资格是指从事某一专业所需的学识、技术和能力的起点标准；执业资格是指政府对某些责任较大、社会通用性强、关系公共利益的专业实行准入制度，是依法独立开业或从事某一特定专业工作的学识、技术和能力的必备标准。

2.职业资格证书制度

职业资格证书制度由从业资格证书制度和执业资格证书制度组成。职业资格证书制度是指按照国家职业标准，通过政府认定的考核鉴定机构，对劳动者的技能水平和从业资格进行评价和认证的国家证书制度。职业资格证书制度是劳动者就业制度的一项主要内容，也是一种特殊形式的国家考试制度。

职业资格证书制度就是对劳动者取得什么证书，如何取得证书，取得证书后的作用等问题所做的规定而形成的制度。

3.职业资格证书

职业资格证书包括从业资格证书和执业资格证书。职业资格证书是对劳动者具有和达到某一职业所要求的知识和技能标准的认证。

从业资格证书是建立在从业资格确认的基础上，通过学历认定或考试取得的，从业资格确认工作由省、自治区、直辖市人事部门会同业务主管部门组织实施。

执业资格证书颁给经执业资格考试合格的人员，是由国家授予的。执业资格考试的报名条件、考核标准、考试内容因专业不同而各不相同，由中华人民共和国人力资源和社会保障部会同国务院有关业务主管部门按照客观、公正、严格的原则组织进行。

目前，我国已有近20个专业建立了执业资格证书制度，其中部分专业实行注册制度，如注册会计师、注册建筑师、注册律师、注册拍卖师、注册结构工程师、注册税务师、监理工程师等，有的专业还只是实行考试制度，如医师、药师、中药师、统计员、教师等。

四、职业技能鉴定

职业技能鉴定是一项基于职业技能水平的考核活动，属于标准参照型考试。它是由考试考核机构对劳动者从事某种职业所应掌握的技术理论知识和实际操作能力做出的客观测量和评价。职业技能鉴定是国家职业资格证书制度的重要组成部分。职业技能等级共分为五级，由低到高分别为：五级/初级技能、四级/中级技能、三级/高级技能、二级/技师、一级/高级技师。职业技能等级划分依据和申请条件如下。

五级/初级工，即能够运用基本技能独立完成本职业的常规工作。具备以下条件之一者，可申报五级/初级工：

1）累计从事本职业或相关职业工作1年（含）以上。

2）本职业或相关职业学徒期满。

四级/中级工，即能够熟练运用基本技能独立完成本职业的常规工作；在特定情况下，能够运用专门技能完成技术较为复杂的工作；能够与他人合作。具备以下条件之一者，可申报四级/中级工：

1）取得本职业或相关职业五级/初级工职业资格证书后，累计从事本职业或相关职业工作4年（含）以上。

2）累计从事本职业或相关职业工作6年（含）以上。

3）取得技工学校本专业或相关专业毕业证书（含尚未取得毕业证书的在校应届毕业生）；或取得经评估论证、以中级技能为培养目标的中等及以上职业学校本专业或相关专业毕业证书（含尚未取得毕业证书的在校应届毕业生）。

三级/高级工，即能够熟练运用基本技能和专门技能完成本职业较为复杂的工作，包括完成部分非常规性的工作；能够独立处理工作中出现的问题；能够指导和培训初、中级工。具备以下条件之一者，可申报三级/高级工：

1）取得本职业或相关职业四级/中级工职业资格证书后，累计从事本职业或相关职业工作5年（含）以上。

2）取得本职业或相关职业四级/中级工职业资格证书，并具有高级技工学校、技师学院毕业证书（含尚未取得毕业证书的在校应届毕业生）；或取得本职业或相关职业四级/中级工职业资格证书，并具有经评估论证、以高级技能为培养目标的高等职业学校本专业或相关专业毕业证书（含尚未取得毕业证书的在校应届毕业生）。

3）具有大专及以上本专业或相关专业毕业证书，并取得本职业或相关职业四级/中级工职业资格证书后，累计从事本职业或相关职业工作2年（含）以上。

二级/技师，即能够熟练运用专门技能和特殊技能完成本职业复杂的、非常规性的工作；掌握本职业的关键技术技能，能够独立处理和解决技术或工艺难题；在技术技能方面有创新；能够指导和培训初、中、高级工；具有一定的技术管理能力。具备以下条件之一者，可申报二级/技师：

1）取得本职业或相关职业三级/高级工职业资格证书后，累计从事本职业或相关职业工作4年（含）以上。

2）取得本职业或相关职业三级/高级工职业资格证书的高级技工学校、技师学院毕业生，累计从事本职业或相关职业工作 3 年（含）以上；或取得本职业或相关职业预备技师证书的技师学院毕业生，累计从事本职业或相关职业工作 2 年（含）以上。

一级/高级技师，即能够熟练运用专门技能和特殊技能在本职业的各个领域完成复杂的、非常规性工作；熟练掌握本职业的关键技术技能，能够独立处理和解决高难度的技术问题或工艺难题；在技术攻关和工艺革新方面有创新；能够组织开展技术改造、技术革新活动；能够组织开展系统的专业技术培训；具有技术管理能力。具备以下条件者，可申报一级/高级技师：

取得本职业或相关职业二级/技师职业资格证书后，累计从事本职业或相关职业工作 4 年（含）以上。

申请职业技能鉴定的人员，要根据所申报职业的资格条件，确定自己申报鉴定的等级，向职业技能鉴定中心提出申请，也可以向由职业技能鉴定中心授权的职业技能鉴定所（站）报名。报名时应准备好如实填写的"职业技能鉴定申请表"、照片、身份证、学历证书或培训结业证书、工作单位劳资（人事）部门出示的工作年限证明等。申报技师、高级技师任职资格人员，必须提供本人的技术成果和工作业绩证明等。

职业技能鉴定的方法和形式为理论知识考试、技能考核及综合评审。理论知识考试以笔试、机考等方式为主，技能考核主要采用现场操作、模拟操作等方式进行。综合评审主要针对技师和高级技师，通常采取审阅申报材料、答辩等方式进行全面评议和审查。理论知识考试、技能考核和综合评审均实行百分制，成绩皆达 60 分（含）以上者为合格。

五、学历证书和职业资格证书的关系

学历证书是一个人接受教育的年限、所具有的文化程度或者学业程度的证明，是由教育部门颁发的；职业资格证书是一个人能否胜任某一职业的证书，是由劳动、人事部门或由其委托的部门颁发的。

学历是一个人学习的经历，能表明一个人在某个学校学习某类专业，是毕业还是肄业。学历证书又称为文凭，是教育部门颁发给学生作为学历证书的文件，就是毕业证书。当一个人按期完成某类正规教育，经考试合格后都会得到一份证明其所接受的这段教育的证明性文件。

不同的职业对学历有不同的要求。获得职业资格的起点学历，至少是初中毕业，要获得大学教师资格必须是大学本科和本科以上学历。所以，学历证书和职业资格证书是密不可分的。

学历并不等于能力，随着职业资格证书制度的实行，教育部要求各院校在完成正常教学计划的同时，进行相关的职业资格证书的考试、考核，鼓励学生获取职业资格证书。

《中华人民共和国劳动法》规定："国家确定职业分类，对规定的职业制定职业技能标准，实行职业资格证书制度。"这不仅有利于鼓励和调动在校大学生学习专业理论和专业技能的积极性，而且有利于毕业生积极适应多种专业岗位的需求。

延伸阅读

人力资源和社会保障部公布 2021 年版《国家职业资格目录》

经国务院同意，人力资源和社会保障部近日公布了《国家职业资格目录（2021 年版）》。

2021 年版国家职业资格目录共计 72 项职业资格。其中，专业技术人员职业资格 59 项，含准入类 33 项，水平评价类 26 项；技能人员职业资格 13 项。目录中准入类职业资格关系公共利益或涉及国家安全、公共安全、人身健康、生命财产安全，均有法律法规或国务院决定作为依据；水平评价类职业资格具有较强的专业性和社会通用性，技术技能要求较高，行业管理和人才队伍建设确实需要。

本次调整是在 2017 年公布的《国家职业资格目录》基础上，根据党中央、国务院转变政府职能，推进"放管服"改革要求，结合近年来国务院有关部门职责调整、行政审批事项改革等情况进行的优化。出入境检疫处理人员资格、乡村兽医资格、注册石油天然气工程师等专业技术人员职业资格退出目录。除与公共安全、人身健康等密切相关的职业工种外，73 项水平评价类技能人员职业资格全部退出目录，不再由政府或其授权的单位认定发证。精算师、矿业权评估师、职业病诊断医师等专业性和社会通用性强的专业技术人员职业资格纳入目录。危险货物、化学品运输从业人员，道路运输从业人员，特种作业人员，建筑施工特种作业人员，特种设备安全管理和作业人员等涉及人员资格的行政许可事项作为准入类技能人员职业资格纳入目录。

优化后的目录与 2017 年相比，职业资格减少了 68 项，削减 49%，对于进一步提高职业资格设置管理科学化、规范化水平，推动降低就业创业门槛，优化就业创业环境，持续激发市场主体活力和社会创造力，推动高质量发展具有重要意义。

附件：《国家职业资格目录（专业技术人员职业资格)》

一、专业技术人员职业资格

（共计 59 项。其中准入类 33 项、水平评价类 26 项）

（略：详见人社部网站）

二、技能人员职业资格

（共计 13 项）

（略：详见人社部网站）

（摘自：中华人民共和国人力资源和社会保障部网站）

思考与测试五

1. 简述什么是"工匠精神"。
2. 简述职业资格、职业资格证书制度的内容。
3. 试述学历证书和职业资格证书的关系。

就业指导篇

　　求职择业是人生必经的一个门槛，毕业前后的择业过程也是大学生活的转折点。渴望选择一个好的单位、理想的职业，能够充分发挥自己的知识和技能，成就一番事业，这是每一个有进取心的高职毕业生梦寐以求的事情。掌握和了解就业政策、就业信息，合理编制就业资料，提高求职面试技巧，培育良好心态，这些都是求职就业能否取得成功的重要因素。本篇主要介绍:就业的市场意识与竞争意识、大学生就业政策、就业准备以及应聘、应试礼仪与技巧等，以期对毕业生求职应聘有所帮助。

第六课
就业的市场意识与竞争意识

一、市场就业体制与就业方针

1. 市场就业体制

市场就业是指个人通过劳动力市场寻求就业，获得工作岗位。劳动力市场是一种社会体制，它的存在和运行具有 5 方面的要素，即劳动力市场主体、客体、中介、过程和规则。劳动力市场从不同的角度，有不同的划分方法。从劳动力种类的角度，可以分为普通市场与人才市场两种，普通市场中又包括技术工人市场与非熟练工人市场；从劳动力市场存在形式的角度，可以分为固定机构性市场（包括职业介绍所、人才交流中心等）、集中交易性市场（各种人才招聘大会、人才供需见面会等）、散在性市场（如报纸、电视台的招聘广告等）。

劳动力市场是社会主义市场经济体制的一个组成部分，实行劳动力市场就业体制是我国劳动人事制度改革的核心内容。劳动力市场在我国的经济和社会生活中具有以下重要作用：劳动力市场是劳动者自由选择职业的场所，通过劳动力市场可以使个人走上合适的岗位；劳动力市场是各企业、事业单位取得劳动力的场所，通过劳动力市场可以使用人单位组合经济活动要素，实现资源的优化配置；劳动力市场的建立及其全面运行，有利于我国经济体制改革的深化，有利于经济的增长与社会的发展；在劳动力市场体制下，就业存在平等竞争，失业有社会保险，这从根本上保证了公民的劳动权益和社会地位；劳动力市场状况是对社会劳动力供求状况的直接反映，也是宏观经济发展状况的晴雨表，并对教育事业具有导向的功能。实行双向选择的劳动力市场就业体制，可以使社会劳动力的生产、开发、配置、使用均处于主动状态，从而有利于人尽其才、才尽其用。

2. 市场就业方针

在经济体制改革与就业制度改革全面深化的情况下，政府通过发展经济和扩大就业岗位的各项努力，促进社会就业；劳动力市场是就业的主渠道，对个人择业和用人单位择员进行调节；劳动者个人积极努力，进入劳动力市场，通过各种渠道自主就业。

政府促进就业主要有以下途径：以国民经济和社会发展计划为指导，通过宏观经济政策促进经济的增长，通过深化改革促进生产力的发展，大大提高企业的经济效益，通过扩大对外开放促进经济的全方位发展，从根本上扩大就业岗位；在经济政策方面，协调发展经济与扩大就业，大力发展第三产业、社会就业和非公有制经济。

市场调节就业是指在劳动力市场上，人的就业通过求职者与用人单位之间的双向选择而实现。市场调节就业有利于社会劳动力资源的合理配置，进而实现劳动力资源的优化配置。在实现了劳动力资源的优化配置后，就能够满足各用人单位的用人需要，发挥劳动者的才能与积极性，取得较好的经济效益与社会效益。

个人自主就业是指求职者进入劳动力市场，通过各种渠道自谋职业和自我创业。

二、增强市场就业意识

在市场就业体制下，劳动者个人有就业的权利和择业的自由。但是，存在一个人的自由择业权利，必然也存在他人的同等自由择业权利，这就产生了就业竞争；存在个人的自由择业权利，也就相应存在着用人单位选择人员和辞退人员的权利，这就产生了失业的风险。在市场经济体制下，政府通过《中华人民共和国劳动法》《中华人民共和国劳动合同法》和各项管理制度，维护劳动力市场的秩序，保障劳动者和用人单位的合法权益。

在市场经济体制下，毕业生应树立自主就业的观念，积极地实现就业，把握自己的命运。这是青年人应有的主动意识和自觉意识。增强市场就业意识，就是要关心市场就业动态，注意收集就业信息。作为在校学生，要接触社会、了解社会，做到学习有目标，就业不盲目。具体应从如下三个方面提高自身的就业能力。

（1）关心市场就业动态　一个地区的就业市场处于一种什么样的状态，有哪种岗位空缺，有多少数量需求，有哪些择业特点等，不仅毕业生应当随时关注，针对情况迅速调整自己的择业方案，在校学生也应当予以关注，以便根据劳动力市场变化的趋势，适时地调整自己的学业目标。

（2）收集信息，做有心人　在市场经济和科技进步的条件下，信息就是财富。应树立信息意识，收集与本专业发展有关的信息和劳动力市场的就业信息，做有心人，有利于学好专业和选好职业。

（3）接触社会，了解社会　现代社会是一个五光十色、光怪陆离的舞台，职业世界五彩纷呈，应增加对专业、职业、就业和事业的了解，增加对社会现象的理解，为尽快成才积累条件。

三、双向选择与竞争就业

1. 就业形势——挑战和机遇

我国当前的就业面临着相当大的压力。我国是世界上人口最多、劳动力最多的大国，又是发展中国家。庞大的人口数量导致了较大的劳动力过剩和失业的压力。其主要表现在：新增就业人员、农村富余劳动力向城市转移人员、企事业单位改制改革分流人员等。

党的二十大报告提出"要坚持以推动高质量发展为主题，把实施扩大内需战略同深化供给侧结构性改革有机结合起来，增强国内大循环内生动力和可靠性，提升国际循环质量和水平，加快建设现代化经济体系，着力提高全要素生产率，着力提升产业链供应链韧性和安全水平，着力推进城乡融合和区域协调发展，推动经济实现质的有效提升和量的合理增长。"这些措施都将为毕业生提供大量的就业机会。

2. 就业市场——企业与劳动者双向选择

双向选择是指作为求职者的学校毕业生与用人单位直接见面、相互选择的就业方式。一方面，毕业生对用人单位进行挑选，以便找到满意的职业和岗位；另一方面，用人单位对求职者进行挑选，以便找到合格的员工。这种两相情愿的就业方式，既符合就业双主体——求职者个人与用人单位的要求，增加了双方的满意度，提高了双方的积极性，也符合社会主义市场经济的客观要求。

（1）用人单位择员　在双向选择的劳动力市场体制下，用人单位不再是被动地接受上级单位或组织硬性分配的人员，而是根据自身生产、经营、业务、工作的需要，设置职业岗位招聘条件，有针对性和有选择性地选拔和录用合格的、满意的、优秀的员工。

（2）个人求职择业　在双向选择的劳动力市场体制下，求职者个人不再是被动地接受政府或学校部门的工作分派，而是按照自己的专业技能条件，挑选适合自己的特点、合乎个人兴趣意愿、有发展前途的职业和工作单位。

劳动力供大于求是我国就业市场的常见状况，所以在相当长的时期内竞争就业是不可避免的。

3.就业竞争——知识、能力与态度

（1）就业的竞争环境　一个人就业时，往往处于与其他具有相同就业意愿的人对同一工作岗位的竞争环境中，同时要被用人单位挑选，求职者与用人单位双方实际上也存在着一种竞争。就业的竞争环境是客观存在的，谁也无法回避。实际上，这种竞争环境不仅有利于社会劳动力资源的合理配置，还有利于劳动者以刻苦的态度对待学业，以积极的态度进入工作领域，从而有利于发挥自己的才能，发掘自己的潜力，实现人生的价值。

（2）竞争能力的重要性　为了能够顺利就业，为了能够找到满意的职业，为了今后在职业生涯中有比较好的发展，求职者必须具备很强的就业竞争能力。只有这样，才能顺利走上高要求的工作岗位，才能大有作为。

（3）储备知识与技能　学业扎实，技术娴熟，才能在激烈的就业竞争中胸有成竹，稳操胜券。为了在就业竞争中掌握主动，具备竞争优势，必须在平时的学业中对自身高标准、严要求，努力学好专业知识、职业技能和各门文化课，以储备充裕的知识和高水平的技能。平时不积累，缺乏必要的知识和技能储备，在面临招聘考试或者应用知识时再着手弥补，临渴而掘井，必然会丢掉许多好机会。

延伸阅读

大学生去基层就业大有可为

"过去大家都觉得只有北京、上海这样的大城市好，如今的年轻人越来越理性了。"在全国政协委员、东北大学校长赵继看来，不"死磕"一线城市、不追逐"铁饭碗"，

正在成为大学生就业的新趋势。

大学生就业问题是世界性难题，促进高校毕业生就业创业，既是民生，也是国计，事关广大群众切身利益，事关社会和谐稳定，事关社会主义现代化建设，事关高等教育持续健康发展。2019年高校毕业生预计834万人，再创新高。就业总量持续攀高，就业期望居高不下，就业结构性矛盾相对突出，加之国内外不稳定、不确定因素也在增多，经济下行压力仍然较大，又遇上互联网公司裁员潮，高校毕业生就业形势依然严峻复杂。

就业的结构性压力突出，如何改善就业环境，促进高校毕业生就业创业，进而促进人口红利与人才红利叠加释放，成为不容回避的现实问题。基层是创新创造的前沿阵地，是改善民生的最终环节，也是高校毕业生历练成长的广阔舞台。引导高校毕业生面向基层就业，是解决毕业生就业结构性矛盾的有效途径，也是加快创新型国家建设的重要支撑。

到基层去，是高校毕业生放飞梦想、增长才干的一种务实选择。需要指出的是，大学生到基层就业，只是完成了万里长征的第一步，关键是社会提供什么样的条件，创造什么样的环境，让大学生在基层扎根，并让他们有所作为。必须看到，与基层相比，城市拥有更先进的技术、更好的基础设施、更多的学习资源、更优良的教育环境和更完备的社保体系。工资待遇低、服务保障不完善、后续流动不畅、政策缺乏吸引力、发展机遇少、发展空间小，导致政策导向与效果不一致，基层就业大学生不同程度存在着"下得去"以后"流不动""出不来"的担忧。吸引高校毕业生到基层就业，不但要在硬件上完善配套设施，更要突出事业留人、机制留人、感情留人，全面做好基层工作人员教育培训、个人发展、福利保障、职级晋升等一系列政策保障。

问题来自基层，破解之道也在基层，大学生只有深入基层，向基层要先进经验，在基层创新创造，才能更好地增长知识、增长才干，实现人生价值。如何才能快乐地工作生活且富有成效地度过一生？青年马克思的回答是，在选择职业时，我们应该遵循的主要方针是人类的幸福和我们自身的完美。一代人有一代人的使命，作为求职的大学生，需认清形势，对自身定位、职业目标、职业机会、发展区域等有清醒认识与理性判断。青年学生把自己的命运与国家的命运紧密联系在一起，用中国梦激扬青春梦、将青春梦融入中国梦，不负韶华、不辱使命，做新时代的奋斗者。

（摘自：《中国教育报》2019年3月12日）

思考与测试六

1. 什么是劳动力市场就业？劳动力市场的功能是什么？

2. 在市场就业体制下，你如何实现就业？

3. 列一列：分析和总结你在就业竞争能力方面的强项和弱项，按这些项目的重要程度和"强""弱"的轻重程度，填写在表 6−1 中。

4. 想一想：结合上述个人就业竞争能力的"盘点"，对"为什么要提高自己的就业竞争能力""怎样提高就业竞争能力"等问题进行思考。

5. 做一做：每个同学从报纸、杂志、图书、互联网中各自寻找 5 篇材料，摘录、抄写、复印或者剪下来。以小组为单位，交流整理材料，去掉重复的、雷同的内容之后，各组挑选上交 5 篇最好的材料给班里，组成一期专题墙报。

　　材料的内容包括：我国的经济发展形势；本专业所属行业的状况与发展前景；择业的案例和求职的案例；反映知识、技能重要性的材料；就业竞争能力的材料；就业竞争能力强者求职成功、创业成功、事业成功的案例及其经验；就业竞争能力弱者失败的案例及其教训等。

表 6−1　个人就业竞争能力盘点表

次序	强项	进一步提高的措施	弱项	今后弥补对策
1				
2				
3				
4				
5				
6				
7				
8				
9				
10				

第七课
大学生就业政策

一、市场经济体制下的毕业生就业制度

1993 年，中共中央、国务院颁布了《中国教育改革和发展纲要》，明确指出毕业生就业制度的改革目标是：改革高等学校毕业生"统包统分"和"包当干部"的就业制度，实行少数毕业生由国家安排就业，多数由学生"自主择业"的就业制度。随着社会主义市场经济体制的建立和劳动人事制度的改革，除对师范学科和某些艰苦行业、边远地区的毕业生，实行在一定范围内定向就业，大部分毕业生实行在国家就业方针、政策指导下，通过人才劳务市场，采取"自主择业"的就业办法。与此相配套，通过建立人才需求信息、就业咨询指导、职业介绍等社会中介组织，为毕业生就业提供服务。为加快教育体制改革步伐，原中华人民共和国国家教育委员会（以下简称"国家教委"），于 1994 年在《关于进一步改革普通高等学校招生和毕业生就业制度的试点意见》中又明确提出：从招生开始，通过建立收费制度，改变学生上大学由国家包下来，毕业后由国家包安排就业的做法。同时，建立相应的奖学金、贷学金制度，鼓励学生努力学习，引导学生毕业后参与劳动力市场的竞争。国家不再以行政分配而是以方针政策指导、奖学金制度和社会需求信息来引导毕业生自主择业。在这种就业体制下，大部分毕业生将按照个人的能力、条件到市场中参与竞争。高等院校作为就业工作的中介，主要为毕业生"自主择业"提供服务。

根据以上指导精神，国家从 1994 年开始实现招生"并轨"、缴费上学和"自主择业"的改革试点。1997 年原国家教委颁发《普通高等学校毕业生就业工作暂行规定》，规定共分十章五十五条。2002 年 3 月，经国务院批准，国务院办公厅转发了由教育部、公安部、原人事部、原劳动和社会保障部联合下发的《关于进一步深化普通高等学校毕业就业制度改革有关问题的意见》，文件指出："高校毕业生就业工作要以'三个代

表'重要思想为指导，紧紧围绕促进国家经济发展和社会稳定的大局，采取积极有效的措施，进一步转变大中专毕业生就业观念，建立市场导向、政府调控、学校推荐、学生与用人单位双向选择的就业机制，努力实现高校毕业生的充分就业"。"十四五"以来，各省积极拓宽高职学生就业渠道，加强校企点对点岗位信息推荐、提升招聘精准度；同时，教育部也在完善"职教高考"顶层设计，扩大职业本科、职业专科学校通过"职教高考"招录学生比例，推动"职教高考"成为高等职业教育招生，特别是职业本科学校招生的主渠道。在保证国家需要的前提下，贯彻学以致用、人尽其才的原则。在计划安排上要优先考虑国家和地方重点基础建设上的需要，尤其要保证在艰苦地区的国防军工和科研等重点单位的需要。国家采取措施，鼓励和引导毕业生到集体企业、私营企业、股份制企业等非国有制单位就业。建立由学校和有关部门推荐、学生和用人单位在国家政策指导下，通过人才劳务市场双向选择、自主择业的毕业生就业制度。

二、高校毕业生就业的现行政策及规定

1. 就业政策与时俱进

党和政府历来重视大学生就业工作，把高校毕业生就业摆在就业工作的首位，出台了相关政策和法规来促进大学毕业生就业。教育部关于《做好 2023 届全国普通高校毕业生就业创业工作的通知》要求：①更大力度开拓市场化社会化就业渠道；②充分发挥政策性岗位吸纳作用；③建设高质量就业指导服务体系；④精准开展重点群体就业帮扶；⑤简化优化求职就业手续；⑥完善就业与招生培养联动机制；⑦加强组织领导。

2. 顶岗实习

顶岗实习是高职院校有效推进工学结合人才培养模式的重要形式，也是提高学生理论联系实际能力和综合技能的重要实践性环节。学生在校内完成必需的理论知识储备后，再将他们送到专业对口的企业去实习，在真实的工作环境下，加强学生的实际动手操作能力。在企业里，有明确的工作责任和要求。这样的实习能确保学生毕业上岗与企业需求对接。学生身兼员工身份，边学技术边赚工资，实现提前就业。

3. 高校毕业生应聘、就业有关规定

国家计划招收的普通高等学校毕业生和结业生以及国家计划招收的为地方培养院校毕业生，通过供需见面和双向选择落实就业单位。

毕业生就业工作一般从毕业生在校的最后一学年开始。毕业生就业基本程序如下：

1）由学院（校）提供就业信息，推荐；或毕业生自行获取就业信息，自荐。

2）毕业生与用人单位供需见面，双向选择。

3）用人单位向学院（校）返回接收意见。

4）毕业生与用人单位签订"毕业生就业协议书"（见本课后表7–1）。

鼓励企业接收毕业生。对三资企业、私营企业、股份制企业等无主管上级部门的企业单位以及采用聘用方式招聘毕业生的单位接收毕业生。

毕业生报到时，用人单位应在指定的县级以上医院对其进行健康检查。因岗位特殊要求或曾患有慢性疾病的毕业生，要进行专科检查。经体检合格的毕业生，准予报到。

毕业生报到后，用人单位要根据工作需要和毕业生的情况，及时安排工作岗位。双方协议规定的，要按协议执行。

用人单位因故推迟接收毕业生期间，其工资及福利待遇应由单位负责，推迟时间计算连续工龄。

人事关系由县以上人才流动机构代理的单位接收毕业生，见习期考核、转正定级手续由其委托代理的人才流动机构负责。用人单位须按规定提供有关毕业生见习期间工作、表现等书面材料。在毕业生见习期间解除聘用（任）合同的，由代理人事的人才流动机构继续负责毕业生的见习期管理，毕业生可应聘到其他单位工作。

毕业生报到后，发生疾病不能坚持正常工作，按在职人员有关规定，不得把上岗后发生疾病的毕业生退回学校。

注： 根据《国务院办公厅关于进一步做好高校毕业生等青年就业创业工作的通知》（国办发〔2022〕13号）和《教育部关于做好2023届全国普通高校毕业生就业创业工作的通知》（教学〔2022〕5号）要求，进一步简化毕业生就业手续，从2023年起，不再发放《全国普通高等学校本专科毕业生就业报到证》和《全国毕业研究生就业报到证》（以下统称就业报到证），取消就业报到证补办、改派手续，不再将就业报到证

作为办理高校毕业生招聘录用、落户、档案接收转递等手续的必需材料。到机关、国有企事业单位就业或定向招生就业的，档案转递至就业单位或定向单位；到非公单位就业的，档案转递至就业地或户籍地公共就业人才服务机构；暂未就业的，档案转递至户籍地公共就业人才服务机构。取消就业报到证，这是落实放管服改革，取消不必要的证明材料，简化优化高校毕业生就业手续，方便毕业生就业的便民之举。优化高校毕业生就业环境，就应该清理制造人为障碍的不必要证明、盖章、手续，切实做好高校毕业生服务工作。

三、人事代理制度

人事代理是指各级人事行政部门所属的人才流动机构为三资企业、民办科技机构、民营企业、乡镇企业等无主管单位以及不具备人事管理权限的非国有企业事业单位、要求委托人事代理的其他企业事业单位、自费出国和以辞职等方式流动后尚未落实单位的专业技术人员和管理人员提供人事档案保管或有关人事方面的代理服务工作。随着市场经济的发展和国有企业事业单位人事制度改革的深化，人事代理的内容不断丰富，代理趋于多样化，包括人才规划预测、人员发展方案、人事诊断、人才测评等。它是社会化与专业化管理在人事制度改革中的体现，有利于落实用人自主权，促进人才使用权与所有权的分离，使专业技术和管理人员对单位以人事档案为核心的依附关系在政策上分离，保证了人才资源的社会化和选择职业的自由性，对保障毕业生和用人单位的合法权益、提高流动人员素质和人才竞争发挥着重要的作用。

人事代理的服务内容主要有以下方面：

1）负责被代理人员人事档案的收集、整理、保管、利用等工作。被代理人员的履历表、奖惩登记、党团及考核等材料由用人单位提供。代理机构及时对送交材料归档。

2）确认被代理人员的身份，出具有关证明。办理被代理流动人员的转入、转出手续，推荐就业单位，鉴证聘用合同。为毕业生转正定级出具各种证明材料，建立被代理人员集体户口挂靠制，行政、工资关系挂靠人才市场，调整档案工资，职称考评、考核，计算其工龄。办理被代理人员的出国（出境）和政审手续。

3）负责办理失业、养老等社会保险服务，并为其代办住房公积金。

4）建立被代理人员党组织，接转党组织关系。制定流动党员定期或不定期思想汇报制度，按时收缴党费。

5）开展被代理人员岗位及专业技能培训。根据用人单位的要求，有针对性地组织岗位和技能培训。

6）提供信息咨询服务，包括人事政策咨询、人才供求关系信息、市场统计信息、人才工资信息等服务。

在以上服务内容中，委托人事代理可划分为单位委托人事代理和个人委托人事代理两个类别。

各级人才流动机构与委托人事代理对象不发生行政隶属关系，仅为其代理有关服务事宜。

延伸阅读

教育部关于做好2023届全国普通高校
毕业生就业创业工作的通知
教学〔2022〕5号

各省、自治区、直辖市教育厅（教委），新疆生产建设兵团教育局，有关省、自治区人力资源社会保障厅，部属各高等学校、部省合建各高等学校：

党的二十大明确指出，人才是第一资源，实施就业优先战略，强化就业优先政策，健全就业促进机制，促进高质量充分就业。高校毕业生是国家宝贵的人才资源，是促进就业的重要群体。为深入学习贯彻党的二十大精神，全面落实党中央、国务院对高校毕业生就业创业工作的决策部署，教育部决定实施"2023届全国普通高校毕业生就业创业促进行动"，各地各高校要切实增强责任感使命感，紧密结合实际，创新思路举措，千方百计促进高校毕业生多渠道就业创业，奋力开创高校毕业生就业创业工作新局面。现就做好2023届高校毕业生就业创业工作通知如下。

一、更大力度开拓市场化社会化就业渠道

1. 深入开展市场化岗位开拓行动。各地各高校要深入开展全国高校书记校长访企拓岗促就业专项行动，二级院系领导班子成员也要积极参与。鼓励高校与对接企业和用人单位开展集中走访，深化多领域校企合作。教育部在全国范围内组织开展"校园招聘月""就业促进周"等岗位开拓和供需对接系列活动。充分发挥全国普通高校毕业生就业创业指导委员会和行业协会作用，完善"分行业就指委＋分行业协会"促就业工作机制。

2. 实施"万企进校园计划"。各地各高校要充分发挥校园招聘主渠道作用，积极举办线下校园招聘活动，确保校园招聘活动有序开展。高校要创造条件主动邀请用人单位进校招聘，支持院系开展小而精、专而优的小型专场招聘活动。

3. 全面推广使用国家大学生就业服务平台。教育部将进一步优化升级国家大学生就业服务平台功能和服务，不断提升平台专业化、智能化、便利化水平。各省级大学生就业网站、各高校就业网站要于2022年12月底之前，全部与国家大学生就业服务平台互联互通，实现岗位信息共享。鼓励地方和高校依托平台联合举办区域性、行业性专场招聘活动。各地各高校要指导2023届毕业生、毕业班辅导员、就业工作人员及时注册使用平台，确保有需要的毕业生都能及时获得就业信息。

4. 充分发挥中小企业吸纳就业作用。开展民营企业招聘高校毕业生专项行动，精准汇集推送岗位需求信息。会同有关部门举办"全国中小企业人才供需对接大会""民企高校携手促就业""全国中小企业网上百日招聘高校毕业生""全国民营企业招聘月"等活动，为中小企业招聘高校毕业生搭建平台。各地教育部门要配合本地相关部门落实对中小微企业吸纳高校毕业生的优惠政策，支持开发创造更多适合高校毕业生的就业岗位。各高校要加强与中小企业的供需对接，为中小企业进校招聘提供便利，引导更多高校毕业生到中小企业就业。

5. 支持自主创业和灵活就业。各地各高校要积极鼓励和支持高校毕业生自主创业，在资金、场地等方面向毕业生创业者倾斜，为高校毕业生创新创业孵化、成果转化等提供服务。推动中国国际"互联网＋"大学生创新创业大赛等大学生创业项目转化落地。各地教育部门要配合有关部门落实灵活就业社会保障政策，为毕业生从事新形态就业提供支持，推动灵活就业规范化发展，切实维护高校毕业生合法权益。

二、充分发挥政策性岗位吸纳作用

6. 优化政策性岗位招录安排。各地教育部门要配合有关部门统筹好政策性岗位招录时间安排，尽早安排高校升学考试、公务员和事业单位、国企等政策性岗位招考及各类职业资格考试。充分发挥政策性岗位稳就业作用，稳定并适度扩大招录高校毕业生规模。发挥国有企业示范作用，办好第四季"国聘行动"。

7. 积极拓宽基层就业空间。各地教育部门要积极配合有关部门挖掘基层医疗卫生、养老服务、社会工作、司法辅助、科研助理等就业机会，组织实施好"特岗计划""三一扶""西部计划"等基层就业项目，拓展"城乡社区专项计划"，鼓励扩大地方基层项目规模，引导更多毕业生到中西部地区、东北地区、艰苦边远地区和基层一线就业创业。健全支持激励体系，落实好学费补偿贷款代偿、考研加分等优惠政策。

8. 积极配合做好大学生征兵工作。各地各高校要密切军地协同，加大征兵宣传进校园工作力度，畅通入伍绿色通道，配合兵役机关做好兵员预征预储、高校毕业生征集等工作。各地教育部门要研究制定细化方案和实施办法，落实好退役普通高职（专科）士兵免试参加普通专升本招生、退役大学生士兵专项硕士研究生招生计划等优惠政策。

三、建设高质量就业指导服务体系

9. 全面加强就业指导。高校要健全完善分阶段、全覆盖的大学生生涯规划与就业指导体系，确保有需要的学生都能获得有效的就业指导。要进一步完善就业创业指导课程标准，打造一批就业指导名师、优秀就业指导课程和教材。充分利用"互联网＋就业指导"公益直播课等各类资源，提升就业创业指导课程质量和实效。要通过校企供需对接、职业规划竞赛、简历撰写指导、面试求职培训、一对一咨询等多种形式，为学生提供个性化就业指导和服务。要打造校内外互补、专兼结合的就业指导教师队伍，鼓励用人单位、行业组织更多参与高校生涯教育和就业指导。

10. 深入推进就业育人。各地各高校要把就业教育和就业引导作为"三全育人"的重要内容，深入开展就业育人主题教育，引导高校毕业生保持平实之心，客观看待个人条件和社会需求，从实际出发选择职业和工作岗位。开展就业育人优秀案例创建活动，选树一批就业典型人物，积极引导高校毕业生到祖国需要的地方建功立业。

11. 切实维护毕业生就业权益。各地各高校要积极营造平等就业环境，在各类校园招聘活动中，不得设置违反国家规定的有关歧视性条款和限制性条件。配合有关部门畅通投诉举报渠道，对于存在就业歧视、招聘欺诈、"培训贷"等问题的用人单位，要纳入招聘"黑名单"并及时向高校毕业生发布警示提醒。加强就业安全教育，督促用人单位与高校毕业生签订劳动（聘用）合同或就业协议书，帮助和支持毕业生防范求职风险，维护就业权益。积极配合有关部门推进毕业生就业体检结果互认。

四、精准开展重点群体就业帮扶

12. 健全就业帮扶机制。各地各高校要重点关注脱贫家庭、低保家庭、零就业家庭、残疾等困难高校毕业生，建立帮扶工作台账，按照"一人一档""一人一策"精准开展就业帮扶工作。健全"一对一"帮扶责任制，高校和院系领导班子成员、就业指导教师、班主任、专任教师、辅导员等要与困难学生开展结对帮扶，确保每一个困难学生都得到有效帮助。做好离校未就业毕业生不断线服务。

13. 深入实施宏志助航计划。继续组织实施"中央专项彩票公益金宏志助航计划——全国高校毕业生就业能力培训项目",开展线上线下就业能力培训,提升毕业生就业竞争力。各地各高校和各培训基地要精心组织实施,配备优秀师资,优化培训内容,提升培训质量。鼓励各地各高校配套设立省级、校级项目,推动"宏志助航计划"覆盖更多毕业生。各地要强化培训基地管理,宣传推广优秀典型经验。

五、简化优化求职就业手续

14. 稳妥有序推进取消就业报到证。《国务院办公厅关于进一步做好高校毕业生等青年就业创业工作的通知》(国办发〔2022〕13号)明确,从2023年起,不再发放《全国普通高等学校本专科毕业生就业报到证》和《全国毕业研究生就业报到证》(以下统称就业报到证),取消就业报到证补办、改派手续,不再将就业报到证作为办理高校毕业生招聘录用、落户、档案接收转递等手续的必需材料。各地要制定落实取消报到证的工作方案。各省级教育部门和高校要加强与组织、公安、人力资源社会保障等部门的工作协同,做好相关工作的衔接,向用人单位和毕业生开展解读宣传,耐心细致做好指导咨询,帮助毕业生顺利完成就业报到、落户和档案转递。

15. 建立毕业去向登记制度。根据国务院办公厅有关文件要求,从2023年起,教育部门建立高校毕业生毕业去向登记制度,作为高校为毕业生办理离校手续的必要环节。全面推广使用全国高校毕业生毕业去向登记系统。各地各高校要统筹部署、精心安排,指导本地本高校毕业生(含结业生)按规定及时完成毕业去向登记。实行定向招生就业办法的高校毕业生,各省级教育部门和高校要指导其严格按照定向协议就业并登记去向信息。教育部有关单位根据有关部门需要和毕业生本人授权,统一提供毕业生离校时相应去向登记信息查询核验服务。

16. 强化就业统计监测工作。各地各高校要严格落实就业统计监测工作"四不准""三严禁"要求,严格执行毕业生就业统计监测工作违规处理办法,对违反规定的高校和相关人员,严肃查处通报,纳入负面清单管理。严格落实就业统计监测规范要求,严格审核学生就业信息及相关佐证材料。组织开展就业统计监测专门培训,强化高校毕业生就业数据的报送、统计和分析工作。持续开展毕业生就业状况布点监测,丰富完善布点监测内容。

六、完善就业与招生培养联动机制

17. 健全完善就业反馈机制。各地各高校要建立完善就业与招生、培养联动的有效机制，把高校毕业生就业状况作为高等教育结构调整的重要内容。引导高校重点布局社会需求强、就业前景广、人才缺口大的学科专业，及时淘汰或更新升级已经不适应社会需要的学科专业。教育部将把高校毕业生就业状况作为"双一流"建设成效评价、学科专业设置和评估、招生计划安排等工作的重要依据。实行高校毕业生就业去向落实率红黄牌提示制度。深入开展高校毕业生就业状况跟踪调查，调查结果作为衡量高校人才培养质量的重要参考。

18. 深化就业工作评价改革。探索实施高校毕业生就业工作合格评价，建立部、省两级就业工作合格评价机制，促进高校就业工作制度化、规范化。加强全国就业工作优秀经验宣传推广，推动高校毕业生就业工作能力和服务水平不断提升。

七、加强组织领导

19. 压紧压实工作责任。各地各高校要把高校毕业生就业摆在突出重要的位置，落实就业"一把手"工程，建立健全主要领导亲自部署、分管领导靠前指挥、院系领导落实责任、各部门协同推进、全员参与的协调机制，将就业工作纳入领导班子考核重要内容。建立完善就业风险防范化解机制，确保安全稳定。各省级教育行政部门适时牵头成立高校毕业生就业工作专班，制定工作方案，明确任务清单，全力推进各项工作任务。教育部将省级人民政府及相关职能部门制定促进毕业生就业政策及其实施情况，纳入省级人民政府履行教育职责评价重要内容。

20. 加强就业工作机构和队伍建设。各地教育部门、各高校要积极创造条件认真落实高校毕业生就业机构、人员、场地、经费"四到位"要求，根据本地实际情况，明确提出各项指标要求，并报教育部备案。各高校要配齐配强就业指导人员，鼓励就业指导人员按要求参加相关职称评审。组织开展毕业班辅导员、就业工作人员全员培训，加大资源供给和培训保障力度。

21. 做好就业总结宣传工作。大力宣传就业工作典型高校、用人单位和先进人物。持续开展全国普通高校毕业生就业创业工作典型案例总结宣传，推出一批具有推广价值的优秀案例。各地各高校要多渠道、全方位宣传国家就业创业政策，营造全社会关心支持毕业生就业的良好氛围。

教育部

2022 年 11 月 14 日

思考与测试七

1. 市场经济体制下大学毕业生就业的形式有哪些?
2. 人事代理的含义是什么?
3. 毕业生联系工作应安排在什么时间进行?

高等院校毕业生就业协议书

毕 业 生＿＿＿＿＿＿＿＿＿

用人单位＿＿＿＿＿＿＿＿＿

学校名称＿＿＿＿＿＿＿＿＿

按《普通高等学校毕业生就业工作暂行规定》的要求,为了维护国家就业计划的严肃性,明确毕业生、用人单位、学校三方在毕业生就业工作中的权利和义务,经协商,毕业生、用人单位双方签订如下协议:

一、毕业生应按国家规定就业,向用人单位如实介绍自己的情况,了解单位的使用意图,表明自己的就业意见,在规定的时间内到用人单位报到,若遇到特殊情况不能按时报到,需征得用人单位同意。

二、用人单位要如实介绍本单位的情况,明确对毕业生的要求及使用意图,做好各项接收工作。凡取得毕业资格的毕业生,用人单位不得以学习成绩为由提出违约;未取得毕业资格的结业生,本协议无效。

三、学校要如实向用人单位介绍毕业生的情况,做好推荐工作。用人单位同意录用后,经学校审核列入建议就业计划,报国家教育部或主管部门批准,学校负责办理派遣手续。

四、学校应在学生毕业前安排体检,不合格者不派遣,本协议自行取消,由学校通知用人单位。如用人单位对毕业生身体条件有特殊要求,原则上应在签订协议前单独进行体检,否则,以学校体检为准。

五、毕业生、用人单位双方如有其他约定,应在备注栏明确,并视为本协议书的一部分。

六、本协议经各方签字、盖章后生效。双方应严格履行本协议，若有一方提出变更协议，须征得另一方同意违约，并由违约方承担违约责任，并在备注栏注明。

七、本协议一式四份，毕业生、学校各执一份，用人单位两份，其中一份由用人单位反馈学校所在省级调配部门一份，复印无效。

表7-1 毕业生就业协议书

编号

毕业生情况及意见	姓名		性别		年龄		民族	
	政治面貌		培养方式		健康状况			
	专业							
	家庭住址							
	应聘意见： 毕业生签名： 年 月 日							

用人单位情况及意见	单位名称 ⟨ ⟩ 单位隶属 ⟨ ⟩	
	联系人 ⟨ ⟩ 联系电话 ⟨ ⟩ 邮政编码 ⟨ ⟩	
	通信地址 ⟨ ⟩ 所有制性质 ⟨ ⟩	
	单位性质 党政机关 科研设计单位 学校 商贸 厂矿企业公司 部队 其他	
	档案转寄详细地址 ⟨ ⟩	
	用人单位意见： 签章： 年 月 日	用人单位上级主管部门意见： （有用人自主权的单位此栏可略） 签章： 年 月 日

学校意见	学校联系人 ⟨ ⟩ 联系电话 ⟨ ⟩ 邮政编码 ⟨ ⟩	
	学校通信地址 ⟨ ⟩	
	院（系、所）意见： 签章： 年 月 日	签章： 年 月 日

备注	

第八课
就业准备

一、就业心理准备

择业并不是轻松的活动，要实现理想的择业目标，需要付出艰辛的劳动，甚至要历经种种曲折。作为一名毕业生，了解就业政策，调整择业心态，做好充分的心理准备，在择业过程中显得十分重要。

1. 克服择业中的心理障碍，保持良好的择业心态

近年来大学生就业压力增大，一部分毕业生在求职择业中出现各种心理障碍，主要表现如下：

（1）怯懦　有些学生在求职中经常出现紧张心理，不能轻松、自然地面对招聘单位，在就业洽谈会上与用人单位交谈时答非所问，语无伦次。就业中的怯懦心理，会影响择业的成功。有怯懦心理障碍的学生可能性格内向，平时缺乏人际交往方面的锻炼等。为使毕业生在择业过程中减少怯懦心理，平时学校应多开展演讲会、辩论会、模拟招聘现场等活动，逐渐培养同学们落落大方的气质和能言善辩的能力。

（2）焦虑　大学生择业过程中的焦虑心理通常表现为急躁。很多同学在用人单位未最终确定录用之前，会很急躁。焦虑一般是由于个人性格特点、知识、能力、实践经验、身体条件等因素而产生。有的毕业生在找工作的过程中，无法接受大众化的就业岗位，不考虑条件和背景，只考虑一个结果，找不到理想中的工作，于是就会产生焦虑心理。

（3）自傲　低估自己的知识能力等往往会产生自卑感，但是，如果过高地估计自己，认为自己比别人强，自欺自傲，在择业过程中往往会给人一种浮躁、不踏实的

印象。

　　毕业生若在求职择业时出现了一些不良心态或心理障碍，应积极寻求帮助，适时调整，做到保持良好的择业心态。

2. 客观评价自己，适应职业需要

　　毕业生择业时要客观地评价自己，正确地认识与把握自我，明确自己的择业目标或方向，根据所学专业和自身条件，懂得自己适合做什么或不适合做什么，才有可能把握住机遇，减少择业中的失败。

3. 转变观念，正确定位

　　毕业生应主动适应社会主义市场经济的要求，解放思想，转变观念，勇敢地面对社会的选择。毕业生应正确定位，愿意到艰苦行业、地区就业，愿意从基层第一线工作做起。

二、就业材料准备

　　就业材料犹如就业的敲门砖，包括毕业生就业推荐表、求职信、个人简介、自传及其他各类求职证明资料。

　　凭借它，每个求职者都可以尽情展示自己的才华和风采，表达自己的愿望与心声；凭借它，用人单位可以了解求职者的能力和水平，寻找他们渴求的"千里马"。材料是求职者与用人单位沟通的重要桥梁，是求职成功的第一步。许多成功的求职者，正是由于准备了充分的、打动人心的就业材料而被一举选中的，因为材料本身也反映了一个人的文化修养、能力水平以及开拓创新精神。

1. 毕业生就业推荐表

　　毕业生就业推荐表是学校向用人单位介绍、推荐本校毕业生的一种书面材料，用人单位鉴于对学校的信任，往往认为该表有较大的可靠性。毕业生就业推荐表是各院校自己印制的，所以式样不尽相同。

无论是哪种形式的毕业生就业推荐表，其内容一般分学生自我填写和学校填写两部分。其填写项目主要有个人简历、学习成绩、奖惩情况、自我鉴定、班主任意见、学校意见等。

自我填写部分要求实事求是地填写自己的基本情况，尤其是学习成绩、奖惩情况等。如果弄虚作假，不仅影响毕业生自己的求职形象，而且会损害学校的声誉。学业成绩可到学校有关管理部门通过计算机查询，打印的学生成绩单应真实可靠。"奖惩"一栏，如果没有获奖经历，可把自己参加的一些有代表性的、能反映个人才华的活动填上（有的表上有备注栏也可填上），如主持过什么样的大型文艺晚会、参加过什么社团等。当然，这些活动显示的才华应符合求职岗位的要求。

毕业生就业推荐表中的自我鉴定应根据社会对人才的要求来衡量自己，针对自己对工作的意愿来展示自己，有所选择，如实地鉴定自己。

自我鉴定的内容除了工作、学习、生活方面外，还可表明自己的人生价值观、求职观、人际观、金钱观及自己的实际工作能力等。

总之，在书写毕业生就业推荐表中的自我鉴定时，我们应始终明确：我们是在向用人单位展示自己适应某种职业所具备的能力和潜质。

要充分发挥备注栏的作用，备注栏是补充毕业生就业推荐表栏目不足的地方，如计算机等级考试达到什么水平、有何种技能等级证书或辅修什么专业等。

毕业生就业推荐表可参考表8-1。

2. 求职信

求职信又称为自荐信，是学生在了解就业信息后有目的地向用人单位作的自我介绍。它是针对特定单位写的，主要表述求职者的主观愿望和特长，以求吸引招聘者注意力，取得面试的机会。

（1）求职信的格式　求职信的格式与书信大致相同，即称谓、正文、祝词、落款等。文末应表示热切希望有一个面试的机会，最后务必写清联系电话、通信地址、邮政编码等。

（2）求职信的篇幅　求职信切忌篇幅过长，洋洋洒洒许多页，容易使对方厌烦；也不能太短，或表达不完整、不清楚，不能让对方了解求职者的完整情况。求职信的篇幅一般在1000字左右为宜。

表8-1 ××××职业技术学院毕业生就业推荐表

姓 名		性别		出生年月		照片
专 业		学制		第二专业		
政治面貌		职务				
特 长				技能证书		
家庭住址				邮政编码		
身份证号码				联系电话		
个人简历						
家庭主要成员、工作单位及职务						
担任学生干部、社团工作及奖惩情况						
在校表现	班主任：					
个人专业能力叙述						

主要课目成绩	课目	成绩	课目	成绩	课目	成绩	课目	成绩

毕业设计或大型作业及成绩							
英语考级			计算机考级				
身体状况		身高			视力	左眼	
		体重				右眼	

学校审核意见	院系部（盖章）	学生处（盖章）	就业指导中心（盖章）

联系方式	××××职业技术学院就业指导中心 地址： 电话： 传真： E-mail： 邮政编码：

（3）求职信的内容 简单介绍自己，包括姓名、学历、年龄等。简单说明用人消息的来源及对该用人单位的印象。一方面，证明用人单位的广告宣传已经见效；另一方面，说明求职者对该单位确实很关心。简单说明求职者能胜任该项工作，这是求职信的核心内容。主要要向对方表明求职者有知识，有专业技能，有与工作要求相符合的特长、性格与能力。最后，表示希望对方给予回信的愿望以及能有一个面谈机会，并写清楚自己的详细通信地址。下面介绍两份求职信，供同学们参考。

求 职 信

尊敬的经理：

您好！几天前，我从××晚报的招聘服务信息中获知贵公司要招聘 10 名产品推销员的消息，很愿意一试，故冒昧地给您写信。

我所学的专业是市场营销，今年 7 月将从××职业技术学院毕业。去年暑假我曾为贵公司做过一个月的商品促销工作。在此期间，贵公司产品的良好质量给我留下了深刻印象。我由于促销得力也受到有关领导的好评。我希望能到贵公司工作，以自己的微薄之力为公司扩大销售效劳。

我是高职院校毕业生，自知自己的学识水平与贵公司的要求还有一定距离，但本人相貌端庄，身体健康，能吃苦耐劳，爱好广泛，谦虚好学，乐于助人，有良好的环境适应能力和人际交往能力，这都是一名优秀推销员不可或缺的基本素质。

我家境贫寒，为人朴实、正直，在小学、中学、大学多次获奖，多次被评为优秀团员、三好学生、模范学生干部。本人学习成绩优良，外语和计算机操作能力较强。（附上本人在校期间的成绩记录及获奖情况，请参阅。）

以上这些都表达了我真诚希望成为贵公司一员的愿望。如贵公司能给我一次锻炼学习的机会，请拨打手机或发电邮告知面试时间，我会准时参加面试。热忱地期待着您的答复。

我的电子邮箱：（略）
手机号：××××××××××

此致
敬礼！

求职人：×××
××××年×月×日

求　职　信

尊敬的领导：

　　您好！

　　我叫××，今年22岁，是××机电职业技术学院机械工程系2022届毕业生。从贵公司网站获悉你们公司招聘机电设备维修人员，特来信应聘。

　　在校期间，我主修机械制造与自动化专业，学习认真，成绩优良，连续三年获校奖学金，并获得国家大学英语四级、计算机三级等级证书；本人实践动手能力较强，在校期间积极参加职业技术技能培训。毕业实习期间参加××电器公司自动生产线的安装调试工作。曾担任班级学生干部，团结同学，协助辅导员老师积极开展好班级工作，提高了自己的组织协调能力。本人性格开朗，爱好体育运动，曾多次在校田径运动会上夺得名次。

　　我确信自己能够胜任贵公司机电设备维修一职。如果能成为贵公司的一员，我愿意努力工作，为贵公司的发展贡献出自己的聪明才智。

　　随信寄上本人简历及相关证件的复印件，请审阅。

　　希望赐复。祝您全家幸福，事业腾达！

　　　　此致

敬礼

　　　　　　　　　　　　　　　　　　　　　求职人：××

　　　　　　　　　　　　　　　　　　　　　××××年×月×日

3. 个人简历

　　个人简历是自己生活、学习、工作的概括。它一般不单独使用，总是作为求职材料的附件呈送给用人单位。

　　下面是一份简历范例，供参考。

求 职 简 历

姓　名	张三	性　别	男	
出生日期	2001 年 4 月 8 日	电　话	0551－×××××× E-mail: 123@ 126. com	照 片
通信地址	×××× 职业技术学院 32# ××室			
毕业学校	×××× 职业技术学院	毕业时间	2022 年 7 月	
求职意向	机电类企业、公司技术管理或技术操作岗位。			
教育背景	2019 年 9 月~2022 年 7 月在×××职业技术学院主修机电一体化专业。			
学校工作经历	2020 年 12 月参加学院机电一体化协会，2021 年 10 月任副会长（参与策划、组织、协调工作；积累了一些组织管理经验）。 2020 年 10 月参与组织系部运动会，为学院运动会选拔运动员。 2021 年 6 月策划及组织机电一体化技术设备论坛。			
社会工作经历	2021 年 7 月在合肥××汽车集团公司实习（参与生产自动化安装调试工作）。			
专业知识	具备一定的专业基础知识：机械制图及 CAD、机械设计、液压与气动技术、电工电子技术、机械制造技术等相关知识。 专业知识面较宽：机电设备控制技术、微机原理及应用、可编程序控制器、测试技术、数控设备及维修等。			
外语能力	英语：CET-4，能阅读本专业技术资料，具备一定的听说读写能力。 日语：曾接受 140 学时的学习和训练。			
计算机操作能力	能熟练使用 Word、Excel、PowerPoint 等办公软件。 能熟练运用 PRO/E、UG 软件进行机电产品的设计。			
特长爱好	喜爱体育运动，喜欢阅读，有一定的写作能力。			
自我评价	为人谦逊有礼，喜欢接受新鲜事物，工作认真仔细，勇于承担责任，能积极主动地发现不足，并努力寻找解决问题的方法，以使工作做得尽可能完美。			

三、就业信息的搜集

现代社会是一个信息社会，能及时获取用人信息，善于利用各种渠道搜集用人单位信息，并归纳、整理、辨别真伪，这是求职活动的重要一步。毕业生可通过以下渠道获取用人单位的信息。

1. 学校就业指导中心

学校一般都设有毕业生就业指导中心来为毕业生提供就业服务。就业指导中心建立了用人单位咨询网络，并备有用人单位的图文简介等。用人单位还经常来人来函向学校提供用人信息，且准确性高。

2. 人才交流会

各省（市、自治区）、市、县的毕业生就业指导单位或各地人才市场，每年都会举办多次分层次的就业交流会。此种交流会上集中了大量的用人单位，其目的是为学生和用人单位建立快速了解的桥梁，帮助双方尽快落实供求愿望，学生和用人单位可以借此互相了解、洽谈，这不失为一种较佳的途径。

3. 宣传媒介

随着我国经济的快速发展，许多急需各类人才的部门和单位都通过现代化的宣传工具来宣传和刊登自己的招聘广告，说明所需人才的层次、专业、工作性质、薪金等问题。一些专业求职网站也应运而生。它们为毕业生提供了海量的供需信息。

附录 B 列出了国内部分求职网站以供参考。

延伸阅读

坚韧不拔的求职者

在松下幸之助年轻的时候，因为家境贫寒，他不得不外出打工挣钱谋生，这也养成了他坚韧不拔、吃苦耐劳的个性。有一次，他按报纸招聘广告到一家电器工厂去谋职，又瘦又矮的松下向工厂人事主管介绍了一番自己的情况后，请求道："请给我一份工作做吧，哪怕是最危险最低微的工作。"

人事主管看着其貌不扬的松下幸之助，根本不想聘用他，便对他说："真不凑巧，我们刚刚聘用了一位。要不，你过一个月后再来看看。"

一个月后，松下幸之助真的准时出现在这位主管面前。这位主管心里暗暗嘲笑松下：从未见过这种听不懂辞退话的人，不妨随便打发他走人。于是，这位主管对松下说："年轻人，你总是不凑巧，我们的老板出去开会了，得过两三天才能回来。"

到了第三天，松下幸之助又来了，这次这位主管真的有点不耐烦了，直接说出他不想聘用他的原因："瞧你穿得这样破旧，是进不了我们厂的！"

松下什么话也没有说，下午就去借钱买了一套新衣服穿上，找到那位主管说："你看现在我够条件吗？"

主管打量他一下，说："从你的履历介绍中，看不出你有任何有关电器的知识，我们厂是从不用这种人的。"

"没关系！我不会，但我会学，一个月以后见！"松下说完，果真回去自学了一个月的电器知识，又跑来找那位人事主管。

这位主管说："一个月能学到什么知识呢？"

松下说："一个月不行，我用两个月，两个月不行，我用三个月……"

话未说完，这位人事主管再也坐不下去了，他拉起松下的手说："你是我遇到过的最有韧性的求职者，我已被你打败，从今天起，你来工厂上班吧。"

松下幸之助凭着坚韧不拔的毅力终于谋得一份工作，并用这种精神一直走向日后成功。

在人生的道路上，只有一种失败，那就是轻易放弃。

思考与测试八

1. 为什么要进行就业准备？就业准备包括哪几方面的内容？

2. 写一份求职信。

3. 参加一次人才交流会，检验就业准备是否充分。

4. 表8－2为"应聘登记表"，是某企业招聘员工时所填的表格，从此表的栏目中可看出企业在招聘员工时，对员工有哪些素质要求？

表8－2　应 聘 登 记 表

No

照片	姓名	中文	（男/女）		应聘职位				
		拼音			期望薪资				
	身份证号码				民 族				
	户口所在地		档案所在地		出生日期				
	现住址		联系电话		身高体重	cm　kg		血型	
	父母地址		联系电话		外语水平	英语　　级			
	矫正视力	左　右	度　数	左　右		（口语）优 良 差			

学习经历	年　月		政治面貌	
	年　月		兴趣爱好	
	年　月		获奖证书	
	年　月		技能证书	
	年　月		发证日期	

专业介绍	专业名称	主要课程设置	成绩	排名情况	获奖情况	第二专业

经历	期间	工作单位	主要业务	职称	月薪/年薪
	至				
	至				
	至				

家庭状况	姓名	关系	年龄	工作单位	主要业务	职称	其他

另附个人简历、身份证复印件、学历证明复印件及近期免冠彩照一张。

第九课
应聘、应试礼仪与技巧

一、面谈、面试准备

面谈是用人单位和求职者之间为加强互相了解而安排的谈话。例如，供需双方通过人才交流会、供需见面会等进行面谈。

面试是由用人单位安排的对求职者的当面考核。与面谈相比，面试更具有综合性，不仅可以考核应聘者的知识水平，而且可以面对面地观察应聘者的仪表、气质、口才、情商、应变能力等综合能力。

择业过程中的面谈、面试是关键的一步，面谈、面试既是求职者的第一次表现机会，也是用人单位对求职者的第一次评估，是决定双方能否一拍即合的最佳机会。因此，同学们要对面谈、面试予以足够的重视，做好充分的准备。

1. 准备要告诉对方的内容

准备要告诉对方的内容一般包括两个方面：一是个人简历，这方面内容可以叙述得简单些；二是能胜任的岗位。

2. 准备回答对方的提问

为了全面考察求职者，面试"考官"会提出许多问题。所以求职者必须事先做好充分准备，做到有问必答，临场不乱。

3. 准备自己要提的问题

在面谈、面试过程中，可以选择适当的机会向"考官"提出一些想了解的问题，例如："请问贵公司的经营现状和未来发展计划是什么?""请问贵公司鼓励员工上进成功的措施有哪些?"所提问题应与单位(公司)发展前景有关或是对所从事工作感兴趣的问题,以增加招聘人员对你的好感。

4. 了解用人单位的基本信息

面谈、面试之前,应对用人单位有一个整体了解,这对面谈、面试成功与否有着重要意义。这方面信息包括用人单位的发展历史与最新动态、发展目标与企业文化、领导人的姓名、规模与行政结构、业务范围与地理分布、正在应聘的职位描述及能力要求等。

二、面谈、面试礼仪

求职者参加面谈、面试时,在礼仪方面的表现会给用人单位留下深刻的印象,对能否求职成功有着举足轻重的影响力。

1. 着装与形象

一个人的形象在求职应聘中起着举足轻重的作用。无论求职信写得如何出色,"考官"在见到你的那一刻才会对你产生真正的第一印象。而你的形象是一种直接又潜在的语言,悄悄地替你介绍自己。特别是对于刚出校门的学生,自信、健康的形象能帮助你缩短校园与社会的距离。

那么,如何设计自己的形象,主动出击以取得求职应聘的成功呢?在求职应聘过程中,不同的岗位有不同的选人标准,但成熟、睿智、精明干练、富有开拓精神的形象特征是当今用人单位共同的期待。把握了求职形象的基本特征后,应按照求职形象的可塑方面对自己进行精心设计。

发型在整个仪表形象中占有很重要的地位,不可掉以轻心,发型应大方得体。

气质美是仪表美、语言美的综合表现。有人说气质是一种意象美,但更准确地说它属于一种意境的美。气质美不是天生的,而是后天修炼打磨出来的。

穿着在很大程度上取决于你面试的工作,取决于你希望留给用人单位的印象。着装基本原则首先是必须整洁,其次应当简单大方。

2. 礼仪

轻叩门、慢关门。进入面试室之前，应轻叩房门两下，待得到"考官"的允许后方可入室。入室后，背对着"考官"，将房门轻带上，然后缓慢转身面对"考官"。

有礼貌地同"考官"打招呼，可以称呼对方的职衔，如果"考官"主动伸出手来，就报以坚定而温和的握手。

"考官"请你落座或其已经坐下，你才可以坐下。坐姿要端正，面向对方。落座后，要两膝并拢，将手放在膝头。

面试成功与否同说话、表情关系很大。要注意用敬语，如"您""请"等。

"考官"示意面试结束时，可以表现出一种有信心、充满活力的状态，微笑、起立、道谢及"再见"。

3. 面试过程

面试往往经过自我介绍、回答问题和提问三个阶段。每个阶段都要说服"考官"：你就是他最需要的人。

（1）自我介绍　自我介绍是面试的第一阶段，也是一般面试中最常用的。有时候，自我介绍比证件、名片之类的东西更重要，它可以"先声夺人"，迅速给"考官"留下良好的印象。

（2）回答问题　运用话语为自己做宣传，在自己和用人单位之间建立信任。

（3）提问　应"考官"的要求，在面试后期可适当提一些与应聘有关的问题，以显示对本次应聘的重视。

三、面谈、面试技巧

1. 倾听的技巧

注意倾听是一种重要的交流信息的技巧。面试的实质就是应试者与"考官"进行信息交流从而获得全面评价的过程，形式上充分体现在"说"和"听"上。应试者专心致志地倾听，不仅显示出对"考官"的尊重，还有助于抓住问题的实质，否则，就可能不得要领，答非所问。

2. 语言表达技巧

准确、灵活、恰当的口语表达，是面试的关键环节。如果你的各方面条件都不错，但由于你表达能力差，不能将所要表达的内容充分表达出来，"考官"会因难以了解你的真实能力而不录用你。在同等条件下，谁的表达能力强，善于宣传、推销自己，谁就能在竞争中获胜。

语言表达技巧有两个方面的要求，一是要做到表达清楚准确，通俗易懂；二是要做到表达富有美感和吸引力。

3. 问题技巧

问题技巧包括应答技巧和提问技巧两个方面。面试中应试者主要是以回答"考官"的提问来接受测评的，同时也应主动提出一些问题，来显示应试者的整体素质。

四、外企面试

1. 面试前的准备

去外企面试时，除了前面讲述的准备工作之外，还要到该公司的网站上去看看，了解一下该公司在我国的发展情况。必要时到英文网站或者其他语言的网站上了解一下中文网站上没有的内容。最好记住公司创始人或公司的企业文化、公司的愿景描述，在和"考官"面谈时有意识地引用一些公司网站的内容。

2. 外企面试的礼仪

到外企面试须讲究的礼仪比到中企的还要多。

（1）一定要礼貌　见面时要亲切问候，在结束面试时起身感谢"考官"并鞠躬。

（2）握手的礼仪　与外企"考官"握手时，应注意握手的次序。一般都是主人、女士、领导和长辈先伸手，客人、男士、下级和晚辈再伸手；用力要适度，切忌手脏、手湿、手凉和用力过大。

3.其他面试时的注意事项

1）不要迟到。外企"考官"非常忌讳不守时。

2）面试前应关掉手机。若当着"考官"的面关掉，更可显出诚恳。

3）手势不要太多。手势太多会分散他人的注意力。很多人在讲英文的时候，习惯两手不停地上下晃，或者单手比划，这一点一定要注意。

4）手不要弄出声响。不要玩弄纸、笔，手不要乱摸头发、胡子、耳朵，否则会显得紧张、交谈不专心。

5）坐时身体要略向前倾，轻易不要靠椅子背坐，也不要坐满椅子的全部，一般以坐满椅子的2/3为宜。女生要并拢双腿，否则在穿裙子的时候，会尤其显得不雅。即使不穿裙子，也要把双腿靠拢。

6）面试时应杜绝吃东西，如嚼口香糖或抽烟等。虽然这是最基本的礼仪，但有人也难免会不注意。

五、笔试

从内容上大致可以将笔试题目分成两类：一类是专业理论、专业技能方面的知识，主要是测试运用专业知识分析解决实际问题的能力；另一类是文化、思想、道德、修养乃至历史、社会方面的知识，主要测试理想、信念、处世的态度等。所有这些都需要我们加强知识的积累，掌握正确的学习方法，从而拥有真才实学，否则难以从容地通过笔试这一关。

延伸阅读

成功面试的启示

一、成功源于充分准备

机遇只偏爱那些有准备的人。面对日趋激烈的择业竞争，面对用人单位越来越挑剔的眼光，应聘面试前一定要做好充分的准备，这是所有面试成功者共同的体验。

应届毕业生小林谈到，他应聘北京物美商业集团股份有限公司（简称物美）之前，先特意到学校附近的物美超市进行了一番考察，对物美的经营理念、市场定位、目前规模和发展目标有了一定的了解，从公司的宣传栏上了解到了比较详细的背景资料。接着，又上网查阅了许多关于物美以及其他国内外连锁经营的管理知识。在此基础上，他还认真总结整理出一份标题为"管中窥豹，我对物美的几点建议"的资料。面试由物美人力资源部的张总主持，第一个问题是："你对物美有多少了解？"考场内鸦雀无声，而小林自信地进行一番陈述并递交上自己写的材料时，张总连连对他点头，最终他从20多个竞聘者中脱颖而出。

二、用执着敲开成功之门

在激烈的竞争中，遭遇失败与挫折是在所难免的。有的人在碰壁之后便心灰意冷，有的人却在受挫之余认真总结、反思，凭着一种执着精神终于获得成功。

应届毕业生小伟，第一次应聘西安交大瑞森集团公司时，由于面试时比较紧张，词不达意，且带几分傲慢而被拒绝。经过一番认真总结、反思后，他又"二进瑞森"，人事主管无奈地告诉他："对不起，人已招满。"此后，他又经历了多家企业的面试，有的甚至到了只差签字盖章的地步，但是他的心中却依然装着瑞森集团。几经思量后，他决定再去瑞森试一试。面对那位人事主管，小伟说了句："我这是三顾茅庐，希望能再给我一个机会。"语调诚恳而坚定，大有"不达目的不罢休"的决心。小伟说："也许是主管被我的执着所打动，她随即拨通了下属机电公司的电话，一番交涉之后，她告诉我去机电公司面试……"

毕业于某省外贸学校的李涓，是一个品学兼优的学生，虽说由于家境贫寒，她不得不选择上中专，但在校期间她几乎把所有的精力都花在学业上，不仅拿到了大学英语四级证书，还获得了自学考试英语专业的大专文凭。李涓还有股"初生牛犊不怕虎"的劲头，她听说省里一家进出口公司招聘本科毕业生，便带上材料去应聘。到场以后才知道今天是最后的面试，但她还是硬着头皮坐下来，一直等到面试的学生全部走完，她才推开门进去。"对不起，面试已经结束了。"一位女士拦住她。"不，还少我一个。""你叫什么名字？"那位女士边查看名单边问。"您不用找了，名单里没有我，我叫李涓，是外贸学校的，给你们送过材料。""对不起，除了来自两所重点大学的应聘者，来自其他学校的应聘者我们没有通知。""既然我来了，就请给我一次机会好吗？我不在乎结果，只想测试一下自己的能力。"李涓带有央求的语气中透着几许执着。这时，从里间走出一个戴眼镜的中年男士，李涓赶忙迎上前去，用英语说道："您好，李总，我在省政府门口的宣传栏里见过您的照片，您是省'十佳'青年企业家。我叫李涓，是省外贸学校的，今天是来应聘的。""外贸学校的？口语不错嘛，进来吧，我们聊聊。"经过十几分钟的交谈，两天后，李涓成为公司唯一通过自荐而被录用的中专生。

三、于细微处见机遇

用人单位面试应聘者，目的是考察应试者各方面的素质。面试的方式以及所涉及的问题通常会有一些共性的东西。但是，由于应聘对象的不同，招聘面试时考官也常常采取一些另类的方式，提出一些出乎意料的问题。这时，成功的机遇往往会落在能够机敏应对的人身上。

一次，国内某知名女企业家拟从应届毕业生中招聘一名女秘书。招聘信息一传出，引来上百名毕业生应聘。最后一轮面试由总经理亲自考核，在三楼总经理办公室进行。应聘考生在门外等候时叽叽喳喳，秩序十分混乱。这时，一位女生趁面试的间隙主动向总经理提出帮助维持秩序。得到允许后，她立即向大家宣布，请应聘考生到二楼等候，按顺序依次参加面试。于是，招聘现场变得安静而有序，总经理十分满意，最后被录用的秘书，正是这位主动维持秩序的女生。

韩林毕业于河南省某高校企业管理专业，毕业前只身前往深圳求职。在四处求职碰壁的时候，突然在上步中路的广告信息栏中发现南方化工厂招聘一名库料总管的信息。于是，他抱着试试看的心态前去应聘。小韩赶到招聘现场，化工厂的院子里已经来了一群应聘者。小韩看到院子里一片狼藉，地上扔有许多白纸，他弯下腰捡起一张，是洁白的复印纸，又捡起一张，还是质地很好的复印纸。多么可惜呀！于是小韩禁不住俯下身去一张一张地捡起来，这时一个西装革履的老者走上前拍拍韩林的肩膀："小伙子，你是来应聘的吗？怎么不到招聘台前去？"韩林对来人说："这工厂也太浪费了，这么好的纸扔在地上，不知他们的老总是怎么管理的，这样浪费下去准有破产的那一天！"老者笑了，拉着韩林的手说："我是南方化工厂的总经理李海树，小伙子，你通过面试了，我相信你会成为一名出色的库料总管！"

毕业生李鹏到一家公司应聘，接连几轮面试都一路顺利过关，最后一轮面试，公司的副总当考官，问了很多问题后，突然对他说："对不起，我们公司不需要学中文专业的。"小李听了差点没晕过去，心想：你问了我一堆问题都没有难住我，现在又说不需要学中文的，这不是要我吗！转而一想，不对头，这可能是个"圈

117

套"！于是微笑对着那位副总说："虽然我无缘成为贵公司的一员，但我仍然十分感谢您给了我这次宝贵的面试机会。如果可以的话，请您指出我的不足之处，以便我以后加以改正。"这时，那位副总紧绷的脸上绽放出了笑容，走上前握住小李的手说："小伙子，公司欢迎你！"

四、用诚信赢得考官的青睐

用人单位招聘考核毕业生时，对毕业生的素质要求应该说是不尽相同，各有所求的，但是其中有一条是各个单位一致看重的，那就是诚实守信的品德。在应聘面试的过程中，不少毕业生就是用自己的诚信赢得了考官的青睐。

小马是一所重点大学英语专业的毕业生，她的优秀素质使她在应聘一家跨国公司时顺利通过几轮严格考核，列入备选之列。之前她去一所重点中学应聘时，学校领导对她也很赏识，同意与她签约。此时面临着两难选择，如果与中学签约，一旦那家公司同意接收她，她就面临与中学毁约；如果不与中学签约，一旦那家公司不接收她，又可能失去重点中学的机会，考虑再三，她还是向中学领导坦言了自己的想法和处境，希望学校能宽限一段签约时间。中学领导听了，对她的坦诚态度给予了肯定，认为为人师表，诚实守信是必需的美德，并答应她的要求，一旦那家跨国公司的选拔没通过，中学欢迎她加盟。

小李是学应用数学专业的毕业生，到一家条件不错的外企应聘。第一次面试时，他以自己的能力、素质和自信给考官留下了良好的第一印象。第二轮面试时，考官是一位美籍华人，在谈了一些专业对口问题之后，想让小李用英语与他继续交谈。小李知道自己学的是"哑巴英语"，难以招架，于是坦诚地对考官说："虽然我的英语通过了六级考试，但我是一名数学专业学生，因为缺乏英语语言环境，口语不是很好，只能进行简单的会话，进行深入的交流还有些困难，希望我能参加你们的英语培训，培训结束后再和您深入交谈。"这位考官笑着说了声："OK！"小李成功了。

思考与测试九

1. 面谈、面试应做好哪些准备？

2. 面谈、面试应注意哪些问题？

3. 面试过程中的关键之一就是如何回答面试人员的问题，以下是企业面试常用的问题。同学们如能在择业面试前结合实际情况做一些准备，加上临场发挥，是能够顺利过关的。

1）请简单介绍你自己。

2）请描述一下你自己的性格。

3）你有什么兴趣与爱好？

4）你通常与哪种人相处最融洽？为什么？

5）你认为什么人最难相处？你会如何去面对他们？

6）你认为在哪种工作环境中最能发挥你的才能？

7）在职业生涯中你希望达到什么目标？

8）什么是你选择工作的首选因素？

9）五年以后你对你的工作有什么期望？

10）你对你的事业有什么长远目标？你打算如何达到目标？

11）你认为要怎样才能算事业成功？

12）你如何处理你曾遇到的困难？

13）你在学校最喜欢和最不喜欢哪一门课？为什么？

14）你认为考试成绩能否反映你的实际才能？

15）在这几年的学校生活中，你最难忘的经历是什么？

16）你从课外活动中学到了什么？

17）你有没有继续深造的打算？将采取什么方式？

18）你为什么想加入本公司工作？

19）你对本公司有多少了解？

20）假如你被录用了，你将如何开展工作？

21）你认为你最大的优点和缺点是什么？

22）你有什么工作经验和社会经验？

23）简单描述一下你参加某一次活动的情况以及你在这次活动中的职责。

24）你从学校和社会的一些实践活动中学到了什么？

25）在这些活动中，你最喜欢什么？不喜欢什么？

26）在学校和社会活动中，你遇到的最大困难是什么？如何解决的？

27）你认为在学校获得的工作经验能否应付得了新工作？

28）在学校中你和同学相处如何？

29）你的计算机水平如何？会哪些软件？

30）你的普通话水平如何？能否用普通话作自我介绍？

31）你参加过哪些技能培训？成绩如何？

32）你懂得其他语言吗？

33）假设有顾客不满意你的服务，并要投诉你，你会如何处理？

34）假设由于你的失误而使工作出现问题，但你的上司并不知情，你会怎样处理？

35）你看了最近的政府工作报告了吗？你有什么想法？

36）你认为最近政府的哪些措施会对本行业发展有重要影响？

37）你主要注意哪些方面的媒体报道？

38）你愿意去旅行吗？去哪里？

39）金钱对于你来说很重要吗？

40）你的期望薪金是多少？

终身学习篇

党的十六大提出，要"形成全民学习、终身学习的学习型社会，促进人的全面发展"，要"发展继续教育，构建终身教育体系"。党的二十大报告中强调，"建设全民终身学习的学习型社会、学习型大国"。

创建学习型城市、学习型社区、学习型企业，人人学习，天天"充电"将成为人们的自觉行动。本篇主要介绍：就业、立业、成才三部曲，树立终身学习的观念，继续教育的途径，以期帮助同学们顺利就业、立业、成才，树立终身学习的观念，了解继续教育的途径和学习方法。

第十课
就业、立业、成才三部曲

一、就业——树立良好的第一印象

（一）良好的开端是成功的一半

1. 抓住培训机遇，适应工作环境

一般来说企业对新招聘的员工要进行一段时间的培训，培训内容有组织纪律、企业文化、职业技能等。培训时间一般为 2~4 周。

毕业生离开学校走向社会是人生的一次重大转折，上岗前的培训是从学生到员工的角色转变的过渡期，要尽快抛弃学生时代所形成的依赖、任性心理和一些不良的生活习惯，树立新的角色意识，严格要求自己，认真对待所培训的学习内容和训练项目，尽快适应新的规章制度和工作环境。

2. 树立良好的第一印象

良好的开端是成功的一半。第一印象在实际生活中有着重要的意义。

毕业生在新的工作岗位上，要积极进取，踏实肯干，注意表现出一个优秀员工应具有的优良品质。优良品质要从具体工作中培养，从日常生活中锻炼，从每一个细小环节上做起。每一项工作任务都要认真对待，一丝不苟地去完成。另外，要重视领导安排的工作，即使这项工作不重要，也要把它完成好，以此赢得领导和同事对自己工作的认可。如果领导交办的工作很重要、很复杂，更要全力以赴去完成，以证明自己的实力。对工作应踏实肯干，绝不能因工作脏、累、单调而轻视或推诿。要自觉遵守单位的各项规章制度和工作纪律，不迟到、不早退；干工作不拖泥带水，不讲个人得失；工作时间不闲谈，不干私活；不乱翻其他人办公桌上的文件；不长时间高声接打私人电话；尽量不在办公室接待亲友同学；不说低级或歧视他人的笑话；不在工作时

间吃零食。

（二）学会待人处事，打开新局面

1. 了解职业、适应职业

求职成功、应聘上岗以后，要更细致、更深入地了解自己的职业岗位。如用人单位的规章制度、所在部门的规定、有关部门的职责、具体的岗位职责和道德要求、领导者的特点、同事间的人际关系、岗位的技术要领、材料工具的领取和保管……此阶段对职业的了解，目的在于适应职业、胜任岗位。

适应职业，不仅是知识、技能的适应，更重要的是人际关系的适应。原来的角色是学生，生活在同学和老师之中；现在的角色是从业者，工作在同事和上级之间。角色不同，人和人之间的关系有相当大的区别。

2. 适应人际关系

如何才能营造和谐的人际关系呢？

多做事，少议论。初入新环境，应把注意力集中于工作的尽快适应上，应多做少说，特别注意不要对上级领导及周围同事评头论足，不要随意加入某一"派别"，否则，无论是对工作的适应，还是对人际关系的建立，都是不利的。而脚踏实地，埋头苦干，与每一个人都尽可能地和谐相处，有利于良好人际关系的建立和发展。

处理好与领导的关系。首先，刚到新单位，要用恰当的方式表现自己的才能，注意给领导留下良好的第一印象，以取得其信任和支持；其次，要注意给领导提意见或建议的方式和方法。一般来说，刚走上工作岗位应少提意见，特别是不能以自己的"理想模式"来看待领导，看待周围的是是非非。如果确有好的建议，一定要考虑成熟，并在适当的时间，以适当的方式向领导提出。注意与领导交往要适度，不要有事没事找领导。如果过多地与领导交往，易引起他人的误解、反感，给人一种"溜须拍马"之感。

3. 处理好与同事的关系

与领导处理好关系是必要的，但如果只注意与领导接触，而忽视与同事之间的关系，就会失去人际关系的群众基础，对工作的开展造成不利影响。一般来说，在与同事相处时，要注意以诚相待，相互尊重信任，不可自视清高。要宽以待人，严于律己，出了问题主动承担责任。当同事有困难时，要主动关心，并及时伸出援助之手。当与同事发生矛盾时，最好当面解决，并吸取教训，防止类似矛盾的重现。在讨论工作时，不要把个人意见强加于人。

二、 立业——适应企业文化

（一）企业文化的内涵和作用

1. 企业文化的内涵

什么是企业文化？应该说没有一个确定的定义。许多文化学者和管理学者对企业文化都有自己的定义。综合来看，目前学术界关于企业文化的定义可分为两大类：一类是广义的企业文化，认为企业文化包括企业物质文化、行为文化、制度文化、精神文化等；一类是狭义的企业文化，认为企业文化就是企业精神。不同的定义在于观察问题的角度不同，涵盖面的宽度不同，所强调的重点不同。

应该说，企业文化是从事经济活动的组织形成的与企业物质系统、行为系统、制度系统密切相关的企业意识形态。企业文化从属性上看属于意识范畴；从形式上看与企业物质系统相对立；从内容上看反映企业行为，是企业现实运行过程的反映；从作用上看与企业制度在不同领域互为补充，共同发挥作用。

2. 企业文化的作用

企业文化既是一种客观存在，又是对客观存在的反映。企业文化积淀形成于企业的内部，随着企业的发展，企业文化也会发展变化。企业文化是企业实践的结果，又影响企业未来的实践。

良好的企业文化对一个企业有很大的促进作用，主要包括：一是导向作用，即对企业个体成员的思想行为起导向作用，引导他们面向祖国美好未来，以集体和社会利益为重，勇于奉献，同时，引导企业树立大局观念，为国家富强多做贡献；二是整合作用，通过对企业的价值观念、行为准则、管理风格、基本制度及精神风貌等的评价，帮助企业设计新的文化观念；三是优化作用，开展文化优化活动，逐渐消除机构运行障碍，为企业提供良好的发展空间；四是创新作用，文化设计不仅可以创新企业原有的文化，而且可以向企业注入新的文化理念。可以说在不久的将来，企业的竞争将主要是企业文化的竞争，产品的竞争也主要是文化的竞争。

（二）企业文化管理

企业文化管理的本质是"以人为本"。企业文化管理把人看成是全面发展的人，关注人的进步、人的价值观的实现，把人的发展同企业的发展联系在一起，通过创建一个使人心情舒畅、生气勃勃的企业文化环境，使员工产生一种家的归属感和荣誉感。企业文化管理重视培养企业的价值观，强调用一种共同的价值观来熏陶全体员工，以此影响员工的精神和行为，培育员工热爱企业、爱岗敬业、尽职尽责、团结奉献、勇于创新的精神，从而影响企业各项管理职能的实现和组织效能的提高。

文化管理是企业管理理论发展的必然，是企业管理理论发展的新阶段。企业文化必须落实到企业管理，必须嵌入企业战略管理、人力资源管理、生产经营管理、市场营销管理、财务管理、物流管理、伦理道德管理等。如果文化不能落实到管理，就不能发挥最大的作用。

（三）适应企业文化，为企业发展建功立业

毕业生进入企业，将面临以下两类问题：如何把自己所学的知识应用到职业岗位上，以适应岗位的要求；如何适应企业的文化及管理环境。前者，大部分院校和学生都十分重视，但后者，还没有引起足够重视。事实上，很多企业职工被企业淘汰，不是因为他们的知识和能力不能胜任岗位的要求，而是由于不能适应企业文化和管理环境，无法在企业的环境里找准自己的位置，很好地发挥自己的才干。

要使毕业生能顺利地从学生角色转变为企业员工的角色，尽快地适应企业文化管理的环境，高职教育不仅要教会学生必要的专业基础知识和专业操作技能，还要培养学生适应社会、企业环境，并在社会、企业中生存、发展的能力。为此，学生在学校的学习生活过程中应积极参与校园文化建设，要使校园文化接受企业文化的辐射，实现校园文化与企业文化的融合；应积极参与并推动"产学结合"的教学模式。产学结合能让学生接触到企业生产、管理和服务第一线的真实情况，接触到企业的文化氛围，获得对企业文化的感性认识。

企业文化既具有共性，又具有个性，不同的企业理念，产生不同的企业文化。不同的企业理念需要不同的企业文化与之匹配，并推动企业目标的实现。毕业生刚进入

一个企业，应了解并尽快适应其企业文化，在企业的培训工作中积极配合，充分了解企业的发展历程和现状，以及未来的战略目标，这些都是个人职业信心建立的基础。没有这种主动性，没有职业理想，没有对企业的文化和价值观的理解和认可，没有融入集体的意识，等于是自己将自己打造成职业"机器人"，这种状态对职业的未来发展是极为不利的。只有充分融入团队，配合、支持团队，才能让自己在企业文化中起到积极作用；否则，遭到淘汰将是早晚的事。

以企业（公司）发展为重，这是实现企业和个人双赢的保证。个人应该明确自己的职业定位，才能在岗位上创造效能，并通过工作的激情使自己和"小社会"充满积极的氛围。个人要把自己的职业生涯规划和企业提供的职业轨迹结合起来，以企业发展为重，因为企业的发展是个人职业发展的基础。

三、爱岗敬业、岗位成才

（一）立志岗位成才

在企业（公司）只求站住脚跟、打开局面是远远不够的。要想继续生存下去，并使职业生涯得到发展（职位有所晋升），那就得引起上司的注意，用行动证明，你不仅能与企业、团队融为一体，而且出类拔萃。

1. 立足岗位，努力建功立业

毕业生到一个新的单位，不能"这山望着那山高"，处于"不稳定状态"。因为用人单位不会重用、提拔随时有可能"跳槽"的人。这样的人也不会抓住机遇提高和发展自己。因此，毕业生走上工作岗位后，必须从基层做起，从小事做起，从本职工作做起。只有那些始终能将每一件小事认认真真做好的人才会得到企业的赏识；只有将小事做好，才有可能为自己谋取到做"大事"的机会，才会有更大的发展。

近年来，立足岗位，艰苦创业，为国家做出突出贡献的大学毕业生不胜枚举。

青岛港桥吊队队长许振超、上海电气液压气动有限公司液压泵厂工段长李斌，他们虽然没有上过大学，但他们通过坚持不懈的自学，以苦为乐，艰苦奋斗，立志岗位成才，成为"令世界惊叹的中国专家型工人的旗帜"。

2. 爱岗敬业，抓住机会，赢得晋升

敬业是福。每个毕业生走上社会后，都想成就一番事业。那么虚心学习，努力工作，不断创新，这些都是不可或缺的，但许多职业生涯成功人士的经验是：最重要的是，要有敬业精神。敬业是我们做人、做事应具备的基本素质，也是我们学习、工作、创新乃至成功的原动力。工作之初，受限于我们的实践经验、工作能力、业务水平，往往一时难以适应所从事的职业，但如果能够敬业，经过不懈努力，一定会胜任所担负的工作。

机会是一个不可捉摸的精灵，无形无影，无声无息，它有时潜伏在工作中，如果不用苦干的精神努力去寻求、去创造，也许永远遇不到它。没有耕耘，就没有收获，任何成功都是主观努力争取的结果。

高职生也能当上企业主管。2006 年 7 月，闫文静从湖北职业技术学院机电工程系毕业后加入大洋电机，成为企业当年招收的百名储备干部中的一员。"当时 100 名储备干部，超过一半是本科生和研究生。"然而，职校出身的闫文静却不气馁，"由于学历低而自卑，但也因此对自己有了更准确的定位。"闫文静相信，只要肯埋头努力，高职生不会输给本科生、研究生。储备干部们需要到基层车间先实习一个月，然而，他们纷纷发出"工作太累""条件不好""这工作不适合大学生做"的抱怨。实习期间陆续有 20 多名同期的储备干部离职。种种抱怨没能影响闫文静，她仍一声不吭地干着车间工人的粗活累活，甚至常常比一线工人更迟下班。闫文静的刻苦和才华，获得了公司领导的赏识。正式上班 3 个月后，公司任命闫文静担任行政管理部部长助理，第二年部长离职，年仅 21 岁的她接任，后来兼任团总支书记。同期新员工中，她是最早步入主管岗位的。

在南方打拼 6 年，期间闫文静只回过 3 趟家；6 次春节，只有 1 次在家中度过。那些不回家的春节里，闫文静的时间都花在组织员工活动上。"因为太忙了，而且春节期间为了留住员工，身为行政管理部长，要安置好不回家过年的员工。忙完了，晚上回到家，就自己一个人看春晚，一边看一边掉眼泪。"闫文静说。

基层的工人大多来自外省，异乡人融入本地的种种难处，闫文静深切地明白。同时她还观察到：大家平时的生活也比较单调视野很窄，总是车间和宿舍两点一线。对此，闫文静想到了一个"一箭双雕"的办法：做志愿服务。"一来，可让异地务工人员与当地人有更多的接触，从而加深了解；二来，可提升异地务工人员在当地社会的形

象；三来，可提升异地务工人员本身的素质，丰富他们的业余生活。"2010年，在闫文静的组织下，大洋电机成立志愿者义工服务队。考虑到中山交通事故死伤者多数为异地务工人员，她便和义工们一同开展交通安全宣传活动；考虑到外来打工者大多租住在厂区附近的社区，她又和义工们主动深入社区，和居民一起清理社区垃圾。如今，这支服务队已成为中山市西区知名的社会组织，在编的员工已经有300多名。公司员工在参加活动的同时，也逐渐融入本地社会。闫文静的积极工作得到了社会的认同，2010年她荣获"广东省百佳团支部书记"称号，2011年荣获"中山市百佳外来务工人员"称号。

从家乡内蒙古乌兰察布到湖北孝感读高职，毕业后再到中山市大洋电机任职，闫文静的人生"一路向南"，事业则"一路向上"：参加工作时，她还是活跃在企业一线的储备干部，到2012年，她已是党的十八大代表、公司的主管和志愿服务队的队长。

闫文静的工作表现得到公司肯定，从部长助理升职为代理部长、部长。在很多人的眼里，闫文静是一个幸运儿，也有些人怀疑她是公司高层领导的亲戚，其实应了那句名言："机会总是青睐有准备的人。"（摘自：《南方日报数字报》2012年11月5日）

（二）面向基层，建功立业

当前，随着经济体制改革和经济结构的战略调整，一方面高校毕业生就业面临着一些困难和问题，另一方面广大基层特别是西部地区、艰苦边远地区、农村地区以及艰苦行业还存在人才匮乏的状况。

党的二十大报告强调"把到基层和艰苦地区锻炼成长作为年轻干部培养的重要途径"。面向基层，建功立业，是当代青年人应有的志向和抱负。党和国家引导和鼓励高校毕业生到基层工作，既着眼于充分发挥高校毕业生在现代化建设中的作用，更着眼于当代大学生的健康成长。大学毕业生思想敏锐、朝气蓬勃，有知识，有文化，正值创业的大好时期。广大基层为毕业生提供了服务人民、报效祖国、施展才干的广阔舞台。

"到基层去，到祖国最需要的地方去。"这是无数高校毕业生奉献社会、报效祖国的心声。接触基层、熟悉基层、融入基层，这个过程不仅是青年人认识上的重大进步，更是责任心和使命感的升华。

毕业于山西工程职业技术学院的牛国栋，先后被评为太原市特级劳模、山西省特级劳模，他还是全国五一劳动奖章获得者，党的十八大、十九大代表。

牛国栋在考大学时，第一志愿就报考了山西工程职业技术学院轧钢专业，从此和轧钢专业结下了不解之缘。他刻苦学习轧钢专业知识，学习成绩很快就在全班名列前茅，多次获得学校奖学金。凭借刻苦的学习，牛国栋奠定了坚实的专业基础。

高职学生实训是一门实践课，牛国栋深知这关系到自己将来能不能胜任工作岗位，因此，他不放过企业生产的每一个环节和运作原理。他爱思考，总要把关键技能掌握到熟练为止。最后，他以优异的成绩通过各项实训考核。

1999年毕业后，牛国栋来到太原钢铁（集团）有限公司。近几年来，他大大小小的荣誉拿了上百项。牛国栋说，他感谢学校的培养，为自己成为大家公认的技术骨干感到自豪。

2012年年初，太钢引进了世界规模最大、填补国内技术空白的宽幅光亮板生产线，牛国栋主动请缨，担任宽幅轧机大班长，承担了挑战性极强的新设备调试工作。牛国栋带领团队刻苦钻研，不到一个月就实现了一次过钢成功，试生产15天后即正式投产（而通常从试车到投产需要3个月时间），创造了单机架轧机调试时间最短、投产最早、产品质量起点最高的纪录，让外籍专家赞叹不已。

如今，太钢不锈钢冷轧厂能够生产全球最宽、最薄、最高等级的不锈钢冷轧板，产品应用于高端领域，出口30多个国家和地区。牛国栋也早已成为厂里高精尖技术团队中的一块"好钢"。他用"摸石头过河"的工作思路，对特种钢和高附加值钢的轧制工艺加以创新，提升质量指标。2011年，他发表了学术论文《冷轧中关于悠卷的新解与思考》，按照论文中提出的方法，冷轧断带率由原来的1.5%下降到0，每年可减少损失约71万元。公司开展降本增效活动，牛国栋带领他的班组交上一份完美的成绩单：轧制的产品规格最多、平均厚度最薄并且难度最大；厚度不合格卷为0、辊印不合格品为0、擦划伤不合格品为0；挽救的不合格品和改轧料最多……牛国栋被大伙亲切地称为"牛"班长，不仅是因为他姓牛，更多的是因为他的工作业绩太"牛"了。

2011年，"牛国栋创新工作室"正式成立，成为职工自主创新的平台。他不仅总结出了各种学习方法，而且针对生产现场、生产过程中容易出现的各种质量、操作、设备问题，开展了行之有效的一月一课题、一月一攻关、一月一总结活动，编写出本班组的质量工作指导方法，降低了生产损耗。担任班长以来，牛国栋带领他的团队，多次创造了新装备产品质量、安全生产等方面的新纪录，为企业增加效益上亿元。他带领的班组也被评为全国学习型班组标兵。

虽然诸多光环加身，但牛国栋仍然是班组里干活最积极的一个。多年的工作中，牛国栋始终把"立足岗位、争做最好"当作自己的人生信条。"我无论大事小事都要干出一二三四，要做到最好！"回忆起那段艰苦奋斗、艰难赶超的时光，牛国栋说，为了提高轧钢技术，他长年累月反反复复进行轧钢试验、边试验、边记录、边比较，轧钢技术终于不断提升。

牛国栋，一名高职院校的普通毕业生、基层一线工人，用自己的实际行动和优秀的工作业绩，诠释了一名共产党员该如何履行职责。牛国栋说："时代需要的不仅是爱岗敬业的'老黄牛'，更需要我们通过学习不断提高技能适应现代企业的要求。我要在自己的岗位上履行好职责，做好应该做的工作。"（摘自：《中国教育报》2012年11月14日）

为深入学习贯彻党的二十大精神，大力弘扬劳模精神、劳动精神、工匠精神，团结引导广大职工为全面建设社会主义现代化国家、全面推进中华民族伟大复兴不懈奋斗，由中华全国总工会、中央广播电视总台联合举办的2022年"大国工匠年度人物"发布活动，2月28日在江苏省南京市揭晓评选结果。

10位"大国工匠年度人物"分别是：航空工业哈尔滨飞机工业集团有限责任公司数控铣工秦世俊，广西汽车集团有限公司钳工郑志明，天津港集团第一港埠有限公司港口内燃装卸机械司机成卫东，中国中铁隧道局集团盾构操作工母永奇，中国航天科技集团有限公司第六研究院西安航天发动机有限公司数控车工何小虎，中国水利水电第四工程局有限公司机电安装分局桥式起重机司机田得梅（女），国网山东省电力公司超高压公司电气试验工冯新岩，中国商飞上海飞机制造有限公司飞机装配工周琦炜，徐工集团徐州重型机械有限公司数控车工孟维，四川广汉三星堆博物馆文物修复师郭汉中。他们都是所在行业的顶尖技术技能人才，都是劳模精神、劳动精神、工匠精神的优秀传承者。（摘自："北青网"2023年3月3日）

延伸阅读1

毕业五年决定你的一生，送给即将走出校园和正在打拼的你

赡养父母、结婚生子、升职加薪……毕业后的5年，是人生中的关键。这5年里的迷茫，会造成10年后的恐慌，20年后的挣扎，甚至一辈子的平庸。如何才能快速实现从学生到职业人的转变？几个建议给即将走出校园，或正在职场打拼的你。

成功的人不是赢在起点，而是赢在转折点。不少刚刚毕业的年轻人，总是奢望马上就能找到自己理想中的工作。然而，好工作是无法等来的，你必须选择一份工作作为历练。也许你的第一份工作差强人意，那么从这里出发，好好地沉淀自己，从这份工作中汲取价值，厚积薄发。

能干工作、干好工作是职场生存的基本保障。能干是合格员工最基本的标准，肯干则是一种态度。工作中，活干得比别人多，你觉得吃亏；钱拿得比别人少，你觉得吃亏；经常加班加点，你觉得吃亏……其实，没必要这样计较。现在吃点小亏，为成功铺就道路，也许在未来某个时刻，你的好运突然就来了。

毕业这几年，你得到的是雪花还是雪球？成功需要坚持与积累，与其专注于搜集雪花，不如省下力气去滚雪球。记住：散落的雪花会很快融化，雪球更持久。在毕业前几年，你要是能比别人多付出一分努力，就意味着比别人多积累一分资本，比别人多一次成功的机会。

（摘自："大学生必备网" 2015 年 5 月 29 日）

延伸阅读 2

顶岗实习的要求

顶岗实习是高职院校各专业学生大学学习阶段重要的实践性教学环节之一。通过实习，学生将进一步了解社会，增强对社会主义现代化建设的责任感、使命感；理论与实践相结合，进一步加深对专业理论知识的理解与运用，培养解决生产、管理、服务等方面实际问题的能力；为写作毕业论文收集有关信息资料。毕业顶岗实习是高职院校突出培养学生职业能力的另一种教学方式，能较好地检验学生在校两年多的学习情况和综合职业素质，使学生的职业能力在实践运用中进一步深化。顶岗实习过程中的基本要求是：

1. 要求学生充分认识顶岗实习的重要性。实习是一个人由学习阶段走向社会实践的一个过渡阶段，要充分利用这个阶段来适应职业工作，要做到踏实、谦虚、认真。

2. 学生离校参加顶岗实习之前必须与校内指导教师取得联系，明确各项实习任务。在实习期间，学生每周应通过电话、邮件、短信等方式主动与校内指导教师汇报顶岗实习及实习报告撰写情况。

3．学生按实习要求，严肃认真地参加和完成实习任务并注意培养自己的能力。实习期间，每周撰写实习周志，实习结束后提交实习报告。

4．实习中要主动、独立、热情地完成实习任务，注重理论联系实际，运用所学知识和能力做好岗位工作，为企业创造价值。

5．虚心向企业技术人员、工人师傅请教，尊重其领导。

6．遵纪守法，遵守实习单位规章制度，遵守社会公德和社会秩序，不准擅自离开实习地点，不准无故旷课旷工，迟到早退，不准寻衅闹事，若有违纪行为，按学校规定处理。

7．实习期间，注意精神文明建设，讲究文明礼貌，爱护公物，同时团结单位同事。要自尊、自爱、自强，关心集体，不要做有损学校荣誉的事。有事请及时向相关的指导教师报告。

8．牢固树立"安全第一"的思想，注意人身安全和财产安全，防止意外事故发生，圆满完成顶岗实习任务。

思考与测试十

1．求职成功上岗后，如何适应职业岗位以求发展？

2．为什么说敬业是福？

3．列举你所熟悉的人的岗位成才事迹，谈谈从中得到哪些体会。

第十一课
树立终身学习的观念

　　《中国教育现代化 2035》提出，将学有所教与终身受益作为衡量教育发展水平的重要标准，加快建成伴随每个人一生的教育，让学习成为生活习惯和生活方式。为此必须坚持以学习者为中心，建成服务全民终身学习的现代教育体系，建立渠道更加通畅、方式更加灵活、资源更加丰富、学习更加便利的终身学习体系，形成全民积极向学、随时随地可学的制度环境，推进全民终身学习，建设学习大国，大力提高国民素质。

　　20 世纪 60 年代，终身教育作为现代教育思想开始出现，1965 年法国教育家保罗·朗格朗正式向联合国教科文组织提出终身教育议案。"学习型社会"由美国学者罗勃特·哈钦斯于 1968 年首次提出，1972 年联合国教科文组织正式把"学习型社会"作为未来社会形态的构想。终身教育和学习型社会作为一种全新的理念，在国际社会受到广泛重视，许多国家确立了相应的发展战略，积极致力于构建终身教育体系和学习型社会。

　　2022 年党的二十大报告指出，要"推进教育数字化，建设全民终身学习的学习型社会、学习型大国"，彰显了中国学习型社会建设的国家意志和社会力量。

一、建设学习型大国

　　党的二十大报告首次提出"学习型大国"一词。党的十六大、十七大、十八大、十九大直至二十大，持续提出建设学习型社会。特别是近十年来，中国学习型社会建设成绩显著，为世界做出了重大贡献。

　　从学习型社会到学习大国，再到学习型大国，学习型社会建设目标的变化具有特殊的时代背景与重大的现实意义。学习型大国的内涵丰富、意义重大，是我国对学习型社会与学习型组织理论的进一步认可，丰富了"学习型"系列名词群体。表明中国的学习型社会建设将进一步深化；标志着中国学习型社会建设模式走向成熟，将推动"一带一路"倡议实施及人类命运共同体构建。

二、树立终身学习的观念

终身学习理念是指让学习贯穿于人的一生，在更好适应经济社会全面发展的基础上不断学习。当前，我国已经构建起完整的教育体系，包括学前教育、义务教育、高中教育、高等教育、职业教育、继续教育等，其中继续教育对培养劳动者的劳动技能、全面素质、终身学习习惯等，具有重要作用。基于社会大众对于继续教育与技能培训需求逐渐增加，我国政府近年来出台了《国务院关于推行终身职业技能培训制度的意见》《教育部关于推进新时代普通高等学校学历继续教育改革的实施意见》等政策文件，部分省市针对继续教育出台政策规章。

三、终身学习与职业人生

1. 职业人生的特征

职业人生的本质是指人们必须依靠自己的脑、手劳动去谋求生存和发展。一般人都生存于三种生命周期中，即生物社会、婚姻家庭和工作职业生命周期，且以工作职业生命周期最为重要。职业人生的特征，一是生存必须付出劳动；二是生活跋涉于职业旅程之中；三是人生拾级于职业阶梯之上；四是始终感受着职业和失业群体的压力；五是职业劳动者的家庭和社会负担较重；六是职业劳动者的成就与奋斗总体成正比；七是日益公平的社会竞争下职业成功与个人拼搏的轨迹呈正态分布；八是体面生存、优势生存迫使人们终身持续学习。

2. 终身学习与职业人生的关系

终身学习是更新知识、完成职业人生的必由之路。"终身学习"，特别强调学习的非一次性、不间断性、变化性和适应性。摩尔定律表明，计算机软件等知识更新的周期只有 18 个月。相关研究表明，一个大学毕业生的"创造年龄"不超过 4 年，工程技术的有效期只有 3 年。卡兹曲线反映出科研组织的最佳年龄区只在 1.5～5 年之间。所有这些表明，不断更新知识、接受再教育是职业人生不可分割的组成部分，任何人都将无法回避。不学无术、止步不前、仅凭"一技之长"就想拥有体面的人生是不可能的。终身学习是人们体面生存和继续职业生涯的必然选择。

延伸阅读 1

学习是生存的需要，也是发展的需要

2005 年 5 月 2 日上午，刚刚从北京"全国劳模表彰大会"上载誉归来的常州黑牡丹股份有限公司的青年技术工人、新时期知识型工人的楷模——邓建军，在南京大学举办的专场报告会引起热烈反响。会上，邓建军及"邓建军科研组"创始人以朴实无华的语言与南大学子进行对话交流，令人感动，给人启发。

1988 年，邓建军中专毕业后进入黑牡丹公司工作，以干部的身份一直在一线当工人，这一干就是 17 年。17 年间，邓建军参与了 400 多个项目的技术改造，独立完成了 140 多个项目，仅其中一项就创造经济效益 3 000 多万元。他带头创造发明的两项技术已经申请国家专利，填补了牛仔布制造业的国际空白，实现了从学习型工人到知识型工人再到工人式专家的跨越。

邓建军在 17 年间取得的骄人业绩让学子们深深切切体会到了一种对技术、对业务的执着与责任心。谈及如何在当今这个略显浮躁的社会氛围中坚守这份执着与责任时，邓建军坦言，这是给"逼出来的"，是个人生存的需要。无论是专科生、本科生还是研究生，都不会希望自己永远停留在原来的水平，从这个意义上说，学习也是发展的需要。邓建军给自己规定：每天都要抽出 1～2 个小时来学习。

邓建军是第一次走进南京大学与学生们进行如此近距离的交流，感慨颇多。邓建军寄语南京大学学子，不断学习，学习终身，不断提高自己的工作能力与竞争力，尤其是增强实践能力。

（摘自：《中国教育报》2005 年 5 月 9 日）

延伸阅读2

弘扬工匠精神　攻克技术难题

"作为一名高铁工人，我心里有说不尽的自豪。"今年45岁的中车青岛四方机车车辆股份有限公司钳工首席技师郭锐说，他装配过时速200公里到350公里的各个速度等级、10余种型号高速动车组转向架。从"和谐号"到"复兴号"，郭锐和他所在的团队为1600多列高速动车组装配转向架。如今，这些列车已经安全运行超过40亿公里。

从零起步，钻研动车组转向架装配技术

"爷爷辈造蒸汽机车，父辈造绿皮车，我造高速动车组。"一家三代都是铁路人的郭锐，1997年技校毕业后，进入中车四方机车公司工作。

郭锐第一次接触高铁装配，是在2006年。那时，公司通过与国外制造商合作，引进了时速200公里的高速动车组。组装转向架的重任落到了郭锐团队的肩上。"转向架，就是高铁的'腿'。高铁跑得又快又稳，全靠转向架和它的零部件。"郭锐说，转向架装配部件有上千个，装配尺寸数据记录有上万条，装配精度更是以微米计算。当时，国内在动车组转向架装配领域的研究刚刚起步。为了摸清原理，郭锐和同事以厂为家，通宵达旦搞试验。没有操作手册，就从零起步。他们用54天时间查阅资料，资料垒起来有2米多高。资料搜集完成后，再学习、消化、吸收，郭锐记细节，同事记步骤，笔记有10多万字。历时两个多月，郭锐终于带领团队成功攻克10余项制造技术难题，其中，他独创的"四点等高支撑调整先进操作法"开创行业先河，有力保障了我国首批动车组上线。

上高原、进沙漠，完成高速动车组线路试验

2016年，又一项艰巨的任务摆在郭锐面前：如何在现有作业面积和设备不变的条件下，将生产任务由日产3台提升至日产8台？作为技术攻关带头人，郭锐几乎全天盯在现场。经过连续一周的设计论证，他提出方案：改变现有工艺布局，优化作业流程，改进工艺装备，增加作业工位，每个生产节拍做到以分钟来计算。方案实施后，生产能力得到显著提升。在这次技术攻关过程中，郭锐设计的"车轴测量打磨装置及齿轮箱装配输送线"获2018年国家实用新型专利授权。此后，郭锐又接到了"复兴号"动车组转向架的装配任务。为了让"复兴号"动车组既可以经受沙漠热浪的考验，也可以适应极寒天气，郭锐和团队完成了世界上最长的高速动车组线路试验，同时拿

到了丰富详实的试验数据。"我们跟随试验列车去过太行山，上过高原，进过沙漠，前往零下40摄氏度的东北某地。拿到一项项非常珍贵的数据，为高速动车组稳定运行提供了支撑。"郭锐说。试验发现问题，回到工厂立刻解决。郭锐和团队发现，动车组齿轮箱小轴轴向游隙的精度对"复兴号"转向架的装配品质影响较大。为此，郭锐潜心攻关，钻研出一套新的测量方法，成功将游隙测量精度控制在0.02毫米。这套新操作法应用到生产现场后，提高了装配精度。从业20多年来，郭锐先后创造了10项行业先进操作法，完成了40多项技术创新成果，获得国家授权专利19项，发表论文24篇。

为高铁事业培养更多优秀的复合型技能人才

与中国高铁一路同行，郭锐常常感叹："自己沾了时代的光"。这也让他的信念更加坚定——发挥自身所长，为高铁事业培养更多高技能人才。2012年，中车四方机车公司成立"郭锐技能大师工作室"。自工作室成立以来，郭锐带领成员完成创新攻关492项，解决技术难题356项，获得国家授权专利56项，为公司创造效益6 000多万元。"优秀的技术工人应该是兼具技术、技能、学识的复合型人才。"在郭锐看来，随着"互联网＋"工厂和智能制造的快速发展，我国高铁事业需要更多优秀的复合型技能人才。为此，他提出创新人才培养模式，让技能人员与技术人员"结对子"，更好地激发一线工人的创新活力；在他培养的人才中，已有23人获聘高级技师、技师，14人获省市级首席技师、技术能手称号。

近年来，郭锐一方面走上职校讲台，与青年学生们交流，通过自己的成长故事改变更多年轻人对技能岗位的看法；另一方面，他将自己的经验和心得写进《中车一线生产难题解决攻略》《轨道交通机械设备装配与调试》等教材，为人才队伍的培养提供理论基础。

"期待更多年轻人坚定理想，学技术、练技能，走上技能报国、技能圆梦之路。"郭锐说。

（摘自：《人民日报》2022年8月10日）

思考与测试十一

1. 学习型大国是在什么社会背景下产生的？
2. 为什么说终身学习是人们体面生存和继续职业生涯的必然选择？
3. 结合本讲内容谈谈对学习型社会和终身教育的认识。

第十二课
继续教育的途径

一、继续学习与学历提高

古人尚知道"活到老，学到老"的道理，在科技进步对职业演变的影响越来越大的今天，终身学习更是人的立身之本。只有不断补充，更新自己的知识和技能，才能在竞争激烈的社会中立足，使自己有一个成功的职业生涯。现代社会是个终身学习的社会，要树立学无止境的观念，只有肯学习、会学习的人，才能在职业生涯中取得成功。

（一）继续学习的方式

1. 自学

自学是终身学习的主要方式。自学必须有明确的目标，对"学什么"要认真选择。自学内容应该围绕职业生涯规划中的阶段目标需要予以选择，不论"钻一行、精一行"，还是准备转换职业，都需要针对实际需要来选择学习内容，做到针对性强、学以致用。

自学需要有较强的自我控制能力。在边工作、边学习的过程中，要珍惜时间、提高效率、勤奋刻苦、谦虚好问、持之以恒。自学既可以通过看书，也可以借助网络等现代方式，还可以在职业实践中训练。在自学过程中，要注意向同事、向亲友、向一切可以为师的人虚心求教。

自学能力是依靠自己已有的知识、技能和经验，去获取新的知识和技能的一种能力。高等职业学校学生的学生时代就要结束，职业生涯即将开始，要充分利用在校生活的黄金时间，在日常学习中自觉提高自学能力，为终身学习做好准备。

2. 求学

求学也应该围绕自己的职业生涯规划安排。求学有两种方式，一种是参加工作后，选择培训班学习某种知识或技能，注重实用性、针对性；另一种是升学，取得高一级学历，以提高职业生涯的起点。

（二）继续深造提高学历

高职毕业生继续深造提高学历，目前有两种情况：一是毕业后就业，在工作的同时利用业余时间学习，提高学历；二是毕业后不想马上就业，选择继续升入高一级的学校学习，取得高一级学历。

二、取得高一级学历的主要途径

（一）目前我国高等教育体系情况

2022年新修订的《中华人民共和国职业教育法》（简称"新职教法"）明确规定，高等职业学校教育由专科、本科及以上教育层次的高等职业学校和普通高等学校实施。设立实施本科及以上层次教育的高等职业学校，由国务院教育行政部门审批。这是"新职教法"修订的一大亮点，为推动现代职业教育体系的建设与本科职业教育的发展提供了重要的法律依据。本科职业教育作为职业教育体系中一种具有高等教育属性的新型教育形态，其发展经历了从无到有、从试点到全面实践、再到"新职教法"赋予法律保障的过程，完整确立了我国职业教育本科在中国特色职业教育体系中的应有地位。

（二）高职高专毕业生取得高一级学历的主要途径

（1）"专升本"　"专升本"即专科层次的毕业生升入本科教育。一般在每年3月中旬报名，4月中旬考试。考试科目分为由省招办组织的统考科目和由招生院校组织的专业加试科目两大类。统考科目又分文理两类，文科考英语、计算机基础、综合文科（大学语文和政治）；理科类考英语、计算机基础、高等数学。院校专业加试科目根据报考专业而定，一般为两门专业基础课。

（2）参加成人高考（专科起点）　通过参加每年一度的成人高考升入成人高等院校学习。目前成人高等教育也有全日制和业余两种形式。从2003年开始改为春季招生，每年8月下旬报名，10月份考试。

（3）高等教育自学考试　报名参加高等教育自学考试（专科起点）通过积累学科总分取得本科学历。高等教育自学考试一般每年考两次，上半年4月份和下半年10月份，考试报名时间一般要提前4~5个月。例如，下半年10月份考试，上半年5月中旬就开始报名，报名都是网络管理。

（4）直接考研　高职（专科）毕业生工作两年以上后可以报考研究生。国家考研政策规定：国家承认学历的专科毕业生报考硕士研究生，须毕业两年或两年以上，并达到大学本科毕业生同等学力。

人人都希望自己有本领，所有从业者都需要本领。要养成良好的学习习惯，像海绵吸水那样不断汲取知识，不断提高自己的本领。要善于根据自己的客观条件，选择学习方式，为职业理想的实现创造条件。

2019年4月30日，习近平在纪念五四运动100周年大会上的讲话中教导青年："新时代中国青年要练就过硬本领。青年是苦练本领、增长才干的黄金时期。'青春虚度无所成，白首衔悲亦何及。'当今时代，知识更新不断加快，社会分工日益细化，新技术新模式新业态层出不穷。这既为青年施展才华、竞展风采提供了广阔舞台，也对青年能力素质提出了新的更高要求。不论是成就自己的人生理想，还是担当时代的神圣使命，青年都要珍惜韶华、不负青春，努力学习掌握科学知识，提高内在素质，锤炼过硬本领，使自己的思维视野、思想观念、认识水平跟上越来越快的时代发展。"

延伸阅读1

联合国教科文组织国际终身学习论坛登陆中国

2018年10月18日至20日，以"终身学习作为实现可持续发展的基本路径：概念、政策及战略"为主题的联合国教科文组织国际终身学习论坛在上海开幕。

这是联合国教科文组织首次在中国举行的国际终身学习领域最高级别的专家会议。

本次论坛就终身学习有效治理新途径、新模式进行了深入研讨。

本次论坛在上海市教育委员会的指导下，由联合国教科文组织终身学习研究所、中国联合国教科文组织全国委员会、华东师范大学、上海市普陀区人民政府、上海开放大学联合主办。

联合国教科文组织终身学习研究所所长 David Atchoarena，中华人民共和国联合国教科文组织全国委员会副秘书长周家贵出席了开幕式。中国工程院院士、华东师范大学校长钱旭红出席开幕式并致辞，David Atchoarena 作题为"从联合国 2030 可持续发展议程审视终身学习的综合治理"的主旨演讲。

据悉，联合国《2030 年可持续发展议程》将教育和终身学习作为可持续发展的重要驱动力，可持续发展的多方面性与广度对终身学习的方法提出了要求，传统的教育管理方式已经不能有效推动终身学习发展，需要建立一个新的综合治理模式。

围绕这一主题，大会设置了四场重要研讨议程，分别是：从治理的角度理解终身学习、全部门和跨部门治理终身学习、以多层次的治理方式实现终身学习、以伙伴关系实施终身学习。对这些战略性问题的深入研讨，旨在有效指导联合国教科文组织成员国将终身学习纳入其教育和国家发展政策之中。

各国代表还提出了关于终身学习治理的新见解和新模式，并就终身学习如何促进性别平等，如何支持包容性数字化转型，建立灵活学习途径的重要性，以及从地方层面如何更好地推展终身学习进行了研讨。

会议形成了重要共识：终身学习在推动人们生活发生各种变化方面具有很大潜力，而这些变化正是未来实现可持续发展所必需的。会议为建立终身学习新的综合治理模式和全面的政策框架，提升各会员国终身学习治理能力，并持续实施终身学习战略奠定了重要基石。

据了解，终身学习的中国经验成为论坛热议的焦点，并得到与会代表的高度评价。数十年来，中国高度重视终身学习发展，加强促进终身学习已经成为国家宏观政策的重要内容，并在发展实践和理论研究领域取得了重大成就。目前，上海市逐步构建了开放融合的终身教育体系，建立了宏观指导与分类推进于一体的制度体系，形成政府部门协同与社会力量参与相结合的综合管理机制，设立了多模式、广覆盖的学习型组织格局，有效满足了广大市民的终身学习需求，实现了促进人的全面发展与城市可持续发展的和谐统一。

（摘自："中国新闻网" 2018 年 10 月 18 日）

延伸阅读2

终身学习，创造无限可能

2021年12月1日，在北京大学第二届"争做数一数二的保安员"评选会上，曾因掌握15 000多个英语词汇量走红的北大保安许文龙再次登上热搜。许文龙在工作之余完成所有本科课程，写出两万多字的毕业论文，通过答辩即将拿到北京林业大学继续教育学院风景园林专业本科文凭。

许文龙等人的经历昭示这是一个"融合"的时代，不仅媒体已经融合，各种职业也在融合之中，主业和副业、职业和兼职，以至于无法分清是谁融合谁。身处融合时代，做一个积极、主动的融合者，必须活到老学到老。广西大学新闻与传播学院几名学生对北大保安的走红保持了一种理性。他们看到，坚持学习，必有所得。这个"得"不仅是来自社会的嘉许或物质的鼓励，更重要的是个人心灵的滋润、人生的升华。

北大保安许文龙，在现有的职位上并没有选择安逸，而是通过自学考试完成本科学习，每天坚持背英语单词，甚至还有攻读硕士研究生的计划，他的这种终身学习的态度值得敬佩。

其实，类似许文龙这样的例子还有不少。南京大学的清洁工阿姨自己摸索画画，能手绘出近乎专业水平的3D黑板报。2019年，上海交通大学49岁的宿管阿姨考上广西大学的研究生。

年龄和职业不是停止学习的借口，学习的大门永远向我们敞开，保持终身学习既代表着一种持之以恒的人生态度，也是让自己不断提升的不二法门。

俗话说"活到老学到老"，但是现实生活中能做到的人并不多。不少人离开学校、走向社会之后就忽视了自我学习和提升。然而当今世界飞速发展，新事物新问题层出不穷。这就需要我们不断学习，获得与时代接轨的知识和能力。

终身学习可以让人生有无限的可能。数学家华罗庚小时候因为家境贫寒，读完初中后就被迫辍学打工。但他对数学有浓厚兴趣，借书自己苦读，用5年时间自学完了高中和大学低年级的全部数学课程。即使后来染上疾病，左脚跛足，他也没有放弃学习和研究。最终他被破格招入清华大学图书馆成为馆员，又靠出色的才华被评为了讲师。在这之后，华罗庚仍然持续不断地吸收新知识，最终成为世界著名的数学大师。

　　终身学习可以帮助我们更好地应对工作和生活。就像北大保安许文龙一样，在工作期间，当遇到需要帮助的留学生，他能够以一口流利的英语和对方交流，提供有效及时的帮助，备受赞许。机会总是青睐坚持学习的人，因为居安思危，不断给自己"充电"，突如其来的"危"也可随时变成前进的"机"。

（摘自：《中国教育报》2021 年 12 月 14 日）

思考与测试十二

1. 试述提高学历文凭的意义。

2. 你毕业后打算采用什么形式继续学习？

3. 从本课的阅读材料中你得到什么启发？

附　录

附录 A
教育部、公安部关于加强高校学生管理 禁止学生参与非法传销活动的紧急通知

各省、自治区、直辖市教育厅（教委）、公安厅（局），教育部直属高等学校：

近期，一些地区非法传销活动猖獗，并且向高校渗透发展，一些高等学校学生在实习或求职时上当受骗。3 月 15 日，湖北省教育厅报告，该省近 30 所高校几十名学生在重庆实习期间，不法分子以高回报和"参与创业"为诱饵，采取洗脑、上课、谈心、感情交流等方式，骗取他们高额传销费并诱使其参与非法传销化妆品。3 月 22 日，武汉大学报告，该校部分毕业班学生应广东人才市场和用人单位邀请，前往广东参加就业面试，其中，个别学生上当受骗，被传销组织非法控制。据了解，这些学生有的陷入传销泥潭不能自拔，有的被传销组织控制无法脱身，有的自身生命安全受到严重威胁。目前，有关省教育厅、公安厅和高等学校已派出人员投入解救工作，公安部门正在组织力量对非法传销组织进行打击。

各省教育行政部门、公安机关和各高等学校要高度重视非法传销活动对高校学生学习和生活带来的危害，采取切实有效的措施加强学生教育和管理工作，严厉打击非法传销活动，确保学生人身安全和切身利益，维护高校稳定。为此，提出如下要求：

一、针对传销等非法活动，对全体学生进行思想教育和法制教育。传销和变相传销的根本目的是非法聚集公众资金，严重扰乱社会秩序和经济秩序，国务院于 1998 年 4 月 18 日发布《关于禁止传销经营活动的通知》，明令禁止各种传销活动。各高等学校要通过教育使学生充分认识到非法传销的欺诈性、隐蔽性和危害性，各地公安机关要主动上门，以讲座等不同的形式向广大学生宣传传销的非法本质，帮助他们提高识别能力，增强防范意识，自觉抵制各种非法经营活动的诱惑，树立正确的人生观、价值观和艰苦奋斗的精神。

二、各高等学校要密切关注本校学生动态，及时了解和掌握每一个学生的课内课外活动情况。要针对外地实习、外出联系工作学生人数多、地域分散的特点，采取切实可行的措施和办法，随时掌握他们的动向，加强对他们的教育和管理。

三、各省级教育行政部门要与相应的公安机关建立信息通报制度。非法传销多发地区还应建立教育行政部门与公安机关的联席会议制度，及时沟通情况，统一认识。如发现传销等非法活动要及时报告，配合公安机关及时查处，并有针对性地做好参加过非法传销活动学生的教育、安抚工作，消除不良影响和隐患。对极少数不服从教育管理，多次参加非法传销活动或在非法传销活动中起重要作用的学生，给予适当的纪律处分，性质严重的及时移送公安机关处理。各级公安机关要继续保持严厉打击非法传销活动的态势，适时组织专项斗争，加强案件侦办工作，坚决遏制非法传销猖獗的势头。

四、各省级教育行政部门和高等学校要对本省在校高校毕业生就业市场进行认真清查，严格审查用人单位进入毕业生就业市场的资格，严格规范就业市场。对发现以招聘毕业生为名诱学生从事传销的活动组织或个人，要迅速与公安部门联系予以打击。

五、近年来，随着高校办学规模不断扩大，在校学生人数急剧增加，高等学校学生管理面临许多新情况、新问题，工作任务十分艰巨。高等学校要高度重视并大力加强高校学生日常管理，尤其要加强对重点人群（如毕业班学生、实习学生）的管理。不断研究新情况解决新问题，各省教育行政部门和各级公安机关要加强对本地区高等学校学生管理工作和保卫工作的指导与监督，确保高等学校正常的教学秩序、生活秩序和安全稳定。

请各省、自治区、直辖市教育厅（教委）速将本通知转发至属地内各高等学校。

教育部

公安部

二〇〇四年三月二十五日

附录 B
国内部分求职网站

全国大学生创业服务网 https://cy.ncss.cn/

中国人力资源市场网 https://chrm.mohrss.gov.cn/

中国国家人才网 https://www.newjobs.com.cn/

中小企业信息网 https://sme.com.cn/cms/

国家大学生就业服务平台 https://www.ncss.cn/

job168 网 https://www.job168.com/

北方人才网 https://www.tjrc.com.cn/

上海人才市场官网 https://www.hr.net.cn/

北京国际人才网 https://www.bjrcgz.gov.cn/

天津人才网 http://www.tjrenliziyuan.com/

新华英才招聘 https://www.chinahr.com/

智联招聘网 https://www.zhaopin.com/

深圳人才网 https://www.szhr.com.cn/

成都人才网 https://www.rc114.com/index.aspx

武汉人才服务网 http://www.whzc.gov.cn/index

陕西人才公共服务网 http://www.snhrm.com/

沈阳人才网 https://www.syrc.com.cn/

青岛人才网 https://rc.qingdao.gov.cn/

浙江人才网 https://www.zjrc.com/home/

苏州人才网 http://www.szrc.cn/

四川人才网 https://www.scrc168.com/

广东省人才市场 https://www.gdrc.com/

江苏人才网 http://www.jsrc.com/

安徽省大学生就业服务平台 http://www.ahbys.com/

参 考 文 献

［1］储克森. 职业、就业指导及创业教育［M］. 4 版. 北京：机械工业出版社，2020.